SV

Hans Magnus Enzensberger

Dialoge zwischen Unsterblichen,
Lebendigen und Toten

Suhrkamp

© Suhrkamp Verlag Frankfurt am Main 2004
Alle Rechte vorbehalten, insbesondere das der Übersetzung,
des öffentlichen Vortrags sowie der Übertragung
durch Rundfunk und Fernsehen, auch einzelner Teile.
Zu einzelnen Medienrechten siehe »Nachweise« am Schluß des Bandes.
Kein Teil des Werkes darf in irgendeiner Form
(durch Fotografie, Mikrofilm oder andere Verfahren)
ohne schriftliche Genehmigung des Verlags reproduziert
oder unter Verwendung elektronischer Systeme verarbeitet,
vervielfältigt oder verbreitet werden.
Satz und Druck: Memminger MedienCentrum AG
Printed in Germany
Erste Auflage 2004
ISBN 3-518-41628-6

1 2 3 4 5 6 – 09 08 07 06 05 04

Inhalt

Der Tote Mann und der Philosoph
    Szenen nach dem Chinesischen des Lu Xun   7
Diderot und das dunkle Ei
    Ein Interview   31
Fünf Unterhaltungen über Jacques le fataliste   67
Metakommunikation
    Ein Dialog   89
Nieder mit Goethe!
    Eine Liebeserklärung   95
Über die Verfinsterung der Geschichte
    Zwei Dialoge aus dem 19. Jahrhundert, eingerichtet für die Gegenwart. Nach Alexander Herzens Buch *Vom anderen Ufer*   131
Ohne uns
    Ein Totengespräch   165
Ein Dialog über den Luxus   201

Nachweise   215

Der Tote Mann und der Philosoph

*Szenen nach
dem Chinesischen des Lu Xun*

Stimmen
ZHUANGZI, der Philosoph
DER GOTT DES SCHICKSALS
EIN TOTER MANN
GENDARM
GEISTERSTIMMEN

Man hört einen Reiter, der sich nähert. Das Pferd verlangsamt seinen Gang und bleibt stehen.

ZHUANGZI Hü, mein Alter! Vorwärts!
Das Pferd rührt sich nicht.
Kein Wunder, er will nicht mehr, der alte Klepper. Seitdem ich mein Haus verlassen habe, nirgends einen Tropfen Wasser. Wenn das so weitergeht, verdursten wir beide noch.
Pause.
He! Hilfe! Ist hier niemand?
Pause.
Weit und breit kein Mensch. Vielleicht hört mich jemand, dort hinten, wenn ich meine Pfeife hervorhole.
Er pfeift auf einer Trillerpfeife. Keine Antwort.
Wieder nichts! Also weiter!
Das Pferd setzt sich in Bewegung.
Allmählich habe ich es satt, Zhuangzi zu sein, der große Philosoph, denn das ist kein Vergnügen. Ohne Wasser, ohne Proviant nützt mir meine ganze Weisheit nichts in dieser wüsten Gegend. Ein Schmetterling müßte man sein.
Er reitet weiter.
Hier, eine Pfütze, ein Sumpf! Besser als gar nichts.
Er steigt vom Pferd. Er trinkt.
Das schmeckt ja miserabel. Heute abend wollte ich am Hof des Königs von Shi tafeln, bei Wein, Spanferkeln und frischen Melonen. Ich darf gar nicht daran denken. Und was ist das hier? Ein Schädel. Wie kommt der hierher?
Er trinkt.
Was für eine Brühe! Wie blank und sauber du aussiehst, alter Totenkopf! Was dich wohl hierher gebracht hat? War es die Habgier, war es die Feigheit, oder war es die Verachtung aller irdischen Dinge?
Er klopft an den Schädel.
Oder hast du dich ruiniert und konntest dich nirgends mehr

sehen lassen, nicht einmal bei deinen Eltern, deiner Frau und deinen Kindern?
Er klopft.
Hast du dich am Ende selber umgebracht, alter Feigling?
Er klopft.
Oder bist du verhungert oder erfroren?
Er klopft.
Klingt hohl. Keine Antwort. Natürlich. Ein Totenkopf kann nicht reden. Ich glaube, ich bin hier der Dumme. Macht nichts. Das Königreich Shi ist weit, ich bin müde, mein Gaul will nicht mehr weiter. Ein kleiner Aufenthalt könnte nicht schaden. Außerdem bin ich neugierig, das ist mein Beruf. Ich glaube, ich werde den Gott des Schicksals rufen und ihn um einen Gefallen bitten. Er könnte diesen Unbekannten hier von den Toten auferstehen lassen. Das wäre eine kleine Unterhaltung in dieser Einöde. Wir könnten ein wenig plaudern, der Tote und ich, und dann könnte jeder seines Weges ziehen. Wer weiß, was dabei herauskommt. Probieren kostet nichts.
Das Pferd wiehert.
Ruhig, alte Kanaille! Ich spreche mit dem Gott des Schicksals. Paß auf!
Sei gegrüßt, o Gott des Schicksals! Zhuangzi ruft dich, der Philosoph, der Patriarch von Yuan!
Wind und fernes Heulen, das immer näher kommt. Das Pferd wiehert.

GEISTERSTIMMEN Zhuangzi, du elender Wurm! Was fällt dir ein! Dein Bart ist schon ganz eisengrau, und du bist immer noch voller kindischer Einfälle! Du solltest dich schämen. Nach dem Tod gibt es keine Jahreszeiten mehr, keine Herren und Diener, weder Zeit noch Raum. Nach dem Tod ist alles eins. Die Toten sind frei, freier als der Kaiser von China. Nicht einmal das hast du kapiert? Und so etwas will ein Philosoph sein! Du kannst froh sein, daß wir dir erscheinen, wir, die Geister, um dir einen guten Rat zu geben. Misch dich nicht in Dinge ein, die dich nichts angehen und die du nicht verstehst. Das ist unser guter Rat. Verschwinde! Geh nach Shi, wo du hingehörst, an den Hof des Königs. Laß dich füttern und halte den Mund.

ZHUANGZI Liebe Geister! Wenn hier jemand kindisch ist und sich einmischt in Dinge, die ihn nichts angehen und die er nicht versteht, dann seid ihr es! Obwohl ihr zu den Toten gehört, seid ihr voller Eigensinn und voller Launen. Ihr solltet es besser wissen. Denn der Tod ist das Leben, und das Leben ist der Tod. Die Herren sind Diener, und die Diener sind Herren. Ich bin zu den Quellen der Weisheit gewandert, denn ich bin ein Weiser, ein Philosoph. Also erzählt mir keine Märchen, denn das schickt sich nicht. Ihr seid schließlich Geister und keine alten Weiber.

GEISTERSTIMMEN Hüte dich, Zhuangzi! Wenn du so weitermachst, werden wir dich schön blamieren! Ganz China wird über deine Philosophie lachen, und der König von Shi wird dich von seiner Tafel jagen.

ZHUANGZI Ha! Ihr könnt mir gar nichts anhaben mit euern albernen Scherzen und teuflischen Grimassen! Seht ihr nicht, was ich mir an meinen Hut geheftet habe? Das ist ein Edikt des Königs von Shi. Er hat mich persönlich eingeladen. Ich pfeife auf eure Ratschläge! Was wollt ihr überhaupt von mir? Ich habe nicht euch gerufen, sondern den Gott des Schicksals. Das könnt ihr euch merken.

Heulen. Wind. Die Geister entfernen sich.

ZHUANGZI Sei gegrüßt, o Gott des Schicksals! Ich rufe und beschwöre dich!
Der Himmel ist blau, die Erde ist gelb,
die Welt ist wüst und durcheinander,
auf und unter gehn Sonne und Mond,

nur die Sterne rühren sich nicht.
Zhuangzi, der Patriarch von Yuan, ruft dich, o Gott des Schicksals. Erscheine!
Donner. Das Pferd wiehert. Musik.
SCHICKSALSGOTT Zhuangzi, was fällt dir ein! Warum rufst du mich? Hast du nicht Wasser gefunden für deinen Durst? Was willst du mehr? Bist du nie zufrieden?
ZHUANGZI Der König von Shi hat mich rufen lassen, deshalb mache ich diese weite Reise.
SCHICKSALSGOTT Das ist mir einerlei.
ZHUANGZI Aber unterwegs habe ich, hier, in dieser öden Gegend, einen Totenkopf gefunden, und weil das mein Beruf ist, habe ich über ihn nachgedacht. Vielleicht haben ihn seine Eltern zuhaus erwartet, oder seine Frau, oder seine Kinder. Er aber ist hier zugrunde gegangen, der Ärmste. Ich fragte ihn, was ihm zugestoßen sei, doch er wollte nicht antworten. Weil ich es aber über die Maßen gern wüßte, darum bitte ich dich, o Gott des Schicksals, gib ihm sein Fleisch und seine Haut zurück und laß ihn von den Toten auferstehen, damit er mir sagen kann, was ihm passiert ist. Und wenn wir uns eine Weile unterhalten und ausgeruht haben, dann kann er meinetwegen nach Hause gehen.
SCHICKSALSGOTT Das ist ein starkes Stück. So etwas muß ich mir anhören von einem hergelaufenen Philosophen, der vorn und hinten nichts zu beißen hat und auf einem alten Karrengaul durch die Gegend reitet, damit ihm der König von Shi ein paar Brösel hinwirft. Und nur zum Zeitvertreib möchte er sich mit einem toten Mann unterhalten. Willst du dich über mich lustig machen? Ich bin immerhin der Gott des Schicksals. Bedenk: Leben und Tod liegen in meiner Hand, nämlich in der Hand des Schicksals. Und das Schicksal ist schließlich nicht dein Hampelmann.
ZHUANGZI Du irrst dich, ehrwürdigster aller Götter. Denn das Leben ist nicht das Leben, und der Tod ist nicht der Tod.

SCHICKSALSGOTT Was soll das heißen?
ZHUANGZI Ich will es dir erklären.
SCHICKSALSGOTT Du willst es mir erklären? Mir?
ZHUANGZI Hör zu. Eines Tages träumte mir, ich sei ein Schmetterling, und ich schwebte hierhin und dorthin, wo es mir gefiel. Doch als ich erwachte, war ich wieder Zhuangzi, der Weise, und ich hatte eine Unmenge von Sorgen und Schulden am Hals. Und nun frage ich dich, wer ich eigentlich gewesen bin: Zhuangzi, dem es träumte, er sei ein Schmetterling, oder ein Schmetterling, dem es träumte, er sei Zhuangzi?
SCHICKSALSGOTT Ein schönes Durcheinander!
ZHUANGZI Verstehst du jetzt, was ich meine? Wie können wir wissen, ob dieser Totenkopf hier tot oder lebendig ist? Vielleicht bin ich, Zhuangzi, der Tote, und dieser hier reitet munter durch die Gegend, unterwegs zu irgendeinem König, der ihn zu sich gerufen hat.
SCHICKSALSGOTT Und wie willst du das herausfinden?
ZHUANGZI Es käme auf einen Versuch an.
SCHICKSALSGOTT Was für ein wirres Zeug du redest.
ZHUANGZI Wenn du versuchst, ihn zum Leben zu erwecken, dann kann zweierlei passieren, je nachdem.
SCHICKSALSGOTT Je nach wem?
ZHUANGZI Entweder er war lebendig, dann wird er sterben, oder er war tot, dann wird er lebendig werden. Ehrwürdigster aller Götter, warum tust du mir nicht den Gefallen und versuchst es? In den alten Schriften heißt es, der Mensch solle Verständnis und guten Willen zeigen. Wenn man das aber schon von gewöhnlichen Sterblichen verlangt, sollte es da nicht erst recht für die Götter gelten?
SCHICKSALSGOTT Ja, wenn es darum geht, das Blaue vom Himmel herunter zu schwätzen und aus der Weisheit einen Risotto zu machen, da bist du der Größte. Doch einen Toten wieder lebendig machen, das kannst du nicht. Du bist

eben ein Mensch und kein Gott. Aber dafür hast du mich zum Lachen gebracht, und deshalb ... Also gut. Meinetwegen!
Donner. Der Gott entfernt sich. Musik.

TOTER MANN Was ist passiert? Wo bin ich?
ZHUANGZI Sei gegrüßt, mein Lieber.
TOTER MANN Was ist los? Und wer bist du?
ZHUANGZI Ganz einfach. Du bist ein toter Mann. Das heißt, du warst ein toter Mann. Und jetzt werden wir ein bißchen plaudern. Ich bin neugierig, woran du gestorben bist!
TOTER MANN Was soll denn das heißen, gestorben? Eingeschlafen bin ich. Und jetzt bin ich aufgewacht. Aber was willst du eigentlich? Und wo sind meine Kleider? Meine Kleider sind weg!
ZHUANGZI Vor allem darfst du deine Gelassenheit nicht verlieren. Das ist das Allerwichtigste. Denn ohne Gelassenheit kannst du den Pfad der Weisheit nicht finden.
TOTER MANN Ich will meine Kleider wiederhaben! Meinen Schirm!
ZHUANGZI Was für einen Schirm?
TOTER MANN Es war ein brauner Schirm aus Baumwolle.
ZHUANGZI Immer mit der Ruhe. Alles der Reihe nach. Kaum bist du von den Toten auferstanden, da schreist du schon nach deinem Schirm. Der ist gewiß längst zu Staub zerfallen, dein Schirm, oder es hat ihn jemand mitgenommen.
TOTER MANN Aber ich bin splitterfasernackt, und du willst mit mir plaudern! Wer bist du überhaupt?
ZHUANGZI Solange es nicht regnet, brauchst du keinen Schirm. Sag mir lieber, wo du herkommst, und wie du heißt.
TOTER MANN Ich heiße Yang der Schuster, und ich komme aus dem Dorf Yang.
ZHUANGZI Und wie bist du in diese öde Gegend gekommen?

TOTER MANN Meine Verwandten wollte ich besuchen. Ich bin den ganzen Tag lang unterwegs gewesen. Und dann muß ich ein Nickerchen gemacht haben. Ich versteh das nicht. Was ist aus meinen Sachen geworden? Wo ist mein Bündel?

ZHUANGZI Du darfst dich nicht aufregen, mein Lieber. Sonst kommen wir keinen Schritt weiter. Vor allem möchte ich eines wissen: aus welchem Jahrhundert stammst du?

TOTER MANN Aus welchem Jahrhundert? Ich glaube, du spinnst! Du hast einen Vogel!

ZHUANGZI Es gehört sich nicht, einen Fremden zu beschimpfen, dem man auf der Reise begegnet. Aber ich verzeihe dir, denn du weißt nicht, mit wem du es zu tun hast. Ich bin nämlich Zhuangzi, der Weise. Ich nehme an, du wirst von mir gehört haben.

TOTER MANN Wer Ihr seid, ist mir gleich, aber gebt mir meine Kleider wieder.

ZHUANGZI Wie kannst du nur in einem solchen Augenblick an deine lächerlichen Lumpen denken! Hier geht es weiß Gott um wichtigere Dinge. So ein Rüpel! So ein Egoist! Schreit hier herum, noch bevor er sich vorgestellt hat! Mein Schirm, mein Bündel! Was geht mich dein Bündel an! Dabei weiß der Kerl noch nicht einmal, in welchem Jahrhundert er gelebt hat.

TOTER MANN Ich verstehe kein Wort.

ZHUANGZI Das ist doch ganz einfach. Du brauchst mir nur zu sagen, was sich zu deinen Lebzeiten ereignet hat.

TOTER MANN Wo?

ZHUANGZI In der Welt. In der Hauptstadt. Im Königreich von Shan.

TOTER MANN Woher soll ich das wissen?

ZHUANGZI Und in deinem Dorf? Das wirst du mir doch sagen können.

TOTER MANN Was soll da schon passiert sein? Na ja. Bei uns

kommt allerhand vor, das ist wahr. Gestern zum Beispiel hat es einen großen Krach gegeben. Die zweite Schwägerin hat sich mit der Großmutter gestritten.

ZHUANGZI Wenn das alles ist! Fällt dir nichts Wichtigeres ein, ein Unglück, ein Krieg, irgendwas, das einen großen Aufruhr hervorgerufen hat?

TOTER MANN Einen großen Aufruhr?

ZHUANGZI Ja.

TOTER MANN Vor drei oder vier Monaten, da hat es einen Aufruhr gegeben, weil die Geister der Verhungerten uns heimgesucht haben. Ihr wißt ja, wie viele bei der großen Hungersnot im letzten Jahr umgekommen sind. Und auf einmal waren sie wieder da. Sie sind um den Kornspeicher herumgeflogen, den Rabenturm. War das ein Schrecken! Wir sind in unsere Hütten geflohen und haben uns versteckt. Und den Kindern haben wir Amulette um den Hals gehängt, damit sie nicht gefressen werden.

ZHUANGZI Was sagst du da von einem Kornspeicher?

TOTER MANN Wir nennen ihn den Rabenturm. So heißt er. Und er steht erst seit ein paar Jahren.

ZHUANGZI Das ist ja kaum zu glauben! Der Rabenturm ist unter den Shang-Kaisern erbaut worden. Das ist mehr als fünfhundert Jahre her! Ich finde das äußerst interessant. Du bist also schon fünfhundert Jahre lang tot.

TOTER MANN Herr, ich weiß nicht, wer Ihr seid und was Ihr wollt. Wir sind uns erst vor einer kurzen Weile begegnet. Aber eins will ich Euch sagen: Ihr habt kein Recht, Euch über mich lustig zu machen. Nur weil mir eine Viertelstunde lang die Augen zugefallen sind, soll ich jetzt tot und begraben sein, und noch dazu seit fünfhundert Jahren? Das geht zu weit. Ich bin ein unbescholtener Mann, von Beruf Schuster, und unterwegs zu meinen Verwandten. Für Eure närrischen Reden ist mir meine Zeit zu schade. Also gut. Ich habe Euch gesagt, was Ihr wissen wolltet, und Ihr gebt mir gefälligst meine Kleider zurück, und mein Bündel, und meinen Schirm. Ja, auch meinen Schirm!

ZHUANGZI Na schön, wenn du nicht kapieren willst, auch gut. Dann lassen wir es eben. Nur noch eine Frage, sei so gut. Wie bist du eigentlich eingeschlafen? Weißt du noch, wie das zugegangen ist?

TOTER MANN Ja, das muß heute früh gewesen sein. Ich komme hier an ... Ich setze mich hin ... Habe ich mich hingesetzt? Ich weiß nicht mehr. Ich erinnere mich dunkel. Ich glaube, ich habe einen Schlag über den Schädel bekommen. Auf einmal wurde es mir schwarz vor den Augen. Und dann bin ich eingeschlafen.

ZHUANGZI Hat es weh getan?

TOTER MANN Ich glaube nicht.

ZHUANGZI Fabelhaft! Allmählich verstehe ich, wie es zugegangen sein muß. Du bist ganz allein durch diese öde Gegend gewandert. Es war zur Regierungszeit der Shang-Kaiser, vor fünfhundert Jahren. Plötzlich hat dich ein Bandit überfallen. Er muß dir von hinten aufgelauert haben. Erst hat er dich umgebracht, und dann hat er deine Sachen mitgenommen. Jetzt aber leben wir unter der Zhou-Dynastie, verstehst du? Du kannst wirklich nicht erwarten, daß deine Kleider fünfhundert Jahre lang hier im Sand herumliegen. Verstehst du mich jetzt?

TOTER MANN Ich verstehe nur eins, daß Ihr Eure blöden Witze auf meine Kosten macht, und daß ich es satt habe, mir auf der Nase herumtanzen zu lassen. Ich bin ein unbescholtener Mann, bin Schuster von Beruf, und zu meinen Verwandten unterwegs, und meine Kleider will ich wiederhaben.

ZHUANGZI Er sagt immer dasselbe. Es ist wirklich unbegreiflich, was für Spatzengehirne die Leute haben.

TOTER MANN Wer hat hier ein Spatzenhirn? Ich schlage die Augen auf, und wen sehe ich? Euch. Sonst niemanden auf weiter Flur. Und dann stelle ich fest, daß meine Sachen weg

sind. Wenn du es nicht gewesen sein willst, dann erkläre mir gefälligst, wer sie mir gestohlen hat.
ZHUANGZI So kommen wir nicht weiter, mein Freund. Ich will dir erklären, was sich zugetragen hat. Auf meiner weiten Reise kam ich hier vorbei und sah einen Totenkopf im Sande liegen. Dieser Totenkopf warst du. Wie ich dich da so liegen sah, hat mich dein Los gedauert. Und so habe ich den Schicksalsgott angerufen und ihn gebeten, dir das Leben zu schenken. Er hat mich erhört und hat dich wiederauferstehen lassen. Das ist alles.
TOTER MANN Ihr redet wie ein Betrunkener.
ZHUANGZI Ich habe den Eindruck, daß du mir nicht glaubst. Das ist bedauerlich. Wenn du wüßtest, wer ich bin . . . Ich bin nämlich Zhuangzi, der berühmte Weise aus Yuan . . .
TOTER MANN Und wann habt Ihr gelebt, wenn ich fragen darf?
ZHUANGZI Ich? Ich lebe jetzt.
TOTER MANN So? Und ich?
ZHUANGZI Das habe ich dir doch erklärt: vor fünfhundert Jahren.
TOTER MANN Wie soll ich dann von Euch gehört haben?
ZHUANGZI Du hast recht. Aber ich versichere dir, daß ich übernatürliche Kräfte habe.
TOTER MANN Ich pfeife auf Eure übernatürlichen Kräfte! Ich bin kein Philosoph, sondern ein gewöhnlicher Flickschuster, aber wenn ich Euch so reden höre, dann scheint mir, als wenn Ihr ungereimtes Zeug von Euch gäbt, wie einer, der im Traume redet. Oder bin ich es, der träumt? Natürlich, das ist des Rätsels Lösung. Ich bin gar nicht aufgewacht, ich schlafe immer noch, und es träumt mir, ich hätte einen Idioten getroffen, der sich für einen Philosophen hält.
ZHUANGZI Was erlaubst du dir da? Ich werde dir Respekt beibringen! Hier hast du eine Ohrfeige, damit du siehst, daß ich kein Idiot bin, von dem ein Schuster träumt, sondern Zhuangzi, der Philosoph!

TOTER MANN Und hier hast du ebenfalls eine Ohrfeige, damit du siehst, daß ich kein toter Mann bin, sondern ganz lebendig!

ZHUANGZI Das ist nun der Dank dafür, daß ich deinetwegen den Gott des Schicksals angerufen habe. Du verdankst mir dein Leben, und statt daß du mir nun erzählst, wie es sich unter den Kaisern der Shang-Dynastie gelebt hat, was für die Wissenschaft von der größten Wichtigkeit wäre, bietest du mir Ohrfeigen an. Leute wie dich sollte man gar nicht erst auferstehen lassen.

TOTER MANN Was nützt mir meine Auferstehung, wenn ich keinen Faden am Leib habe? Soll ich vielleicht so vor meine Verwandten treten, nackt wie ich bin? Außerdem ist mein Bündel verschwunden. Ich glaube dir kein Wort. Wenn du ein Weiser bist, dann bin ich ein Schmetterling! Du mit deinen übernatürlichen Kräften! Ein Strauchdieb bist du. Entweder du gibst mir mein Zeug zurück, oder ich schleppe dich ins nächste Dorf vor den Richter!

ZHUANGZI Laß mich los! Du wirst mir meinen Rock zerreißen. Siehst du nicht, wie alt und dünn er ist? Wenn du nicht von allen guten Geistern verlassen bist, dann höre auf das, was ich dir jetzt erklären werde. Du solltest wirklich nicht unaufhörlich an deine Kleider denken. Die Kleider sind nicht das Wichtigste im Leben. Manchmal kommt es auf die Kleider an, manchmal sind sie überflüssig. Die Vögel haben ihre Federn, die Tiere haben ihr Fell, aber die Gurken und die Melonen kommen splitternackt zur Welt. Und wie ist es mit dem Menschen? Urteile selbst! Deshalb sagt der Weise: »Eines ist das Richtige, aber das heißt nicht, daß das andere falsch sein muß.« Stellen wir uns zum Beispiel einen vor, der behauptet, man dürfe nie, unter keinen Umständen, Kleider tragen. Ohne Zweifel hätte, wer eine solche Ansicht vertritt, unrecht. Aber auch wenn man einen Satz umkehrt, wird er nicht richtig. Ein Mensch ist also auch dann ein Mensch, wenn er keine trägt. Daraus kannst du zweierlei lernen. Erstens, daß dein Problem kein prinzipielles Problem ist, und zweitens den Unterschied zwischen der unbestimmten und der bestimmten Negation.

TOTER MANN Geh zur Hölle, du Schwätzer! Her mit dem Zeug, oder ich schlag dich tot!

Kurzer Kampf.

ZHUANGZI Loslassen! Loslassen, sage ich! Wenn du es wagst, mich noch einmal anzurühren, weiß du, was ich dann mache? Dann rufe ich den höchsten Gott des Schicksals an, und du stirbst auf der Stelle, zum zweiten und zum letzten Mal.

TOTER MANN Tu's doch!

ZHUANGZI Ich habe dich gewarnt.

TOTER MANN Um so besser, wenn ich tot bin. Tot oder lebendig, was macht das schon für einen Unterschied! Wenn ich tot bin, brauche ich wenigstens keine Kleider mehr.

ZHUANGZI Hinterher wird es dir leid tun.

TOTER MANN Ach was! Ohne meine Sachen ist mir alles gleich. Ohne Schirm im Regen herumlaufen, wozu denn? Und mein Bündel ist auch verloren. Sieben Lot Zucker waren drin, und zwei Pfund Datteln ...

ZHUANGZI Gut. Du hast es nicht anders gewollt. Wenn dir deine Datteln wichtiger sind als das eigene Leben, dann fort mit Schaden.

TOTER MANN Alles Schwindel.

ZHUANGZI Ruhe! Ich muß mich konzentrieren.
Der Himmel ist blau, die Erde ist gelb,
die Welt ist wüst und durcheinander,
auf und unter gehn Sonne und Mond,
nur die Sterne rühren sich nicht.
Zhuangzi, der Patriarch von Yuan, beschwört dich, zu erscheinen. Großer Gott des Schicksals!
Lange Stille.

ZHUANGZI Der Himmel ist blau, die Erde gelb ... Der Patriarch beschwört dich ... Himmeldonnerwetter! ... Großer Gott! ...
Pause.
Er will nicht.
Das Pferd wiehert.
Ich begreife nicht, warum es diesmal nicht klappt. Habe ich etwas falsch gemacht? Vorhin ist er doch auch erschienen.
TOTER MANN Weißt du, warum ich dir so lange zugehört habe? Weil ich eine Vorliebe für die Verrückten habe. Manchmal unterhalte ich mich stundenlang mit ihnen. Sie kommen zu mir in meine Werkstatt, und während ich ein Paar Schuhe sohle, höre ich ihnen zu. Aber jetzt ist es genug. Die Sonne sinkt schon, es wird kühler, und ich habe keinen Fetzen am Leib. Du willst mit meinen Sachen nicht herausrücken, weil du ein Dieb bist, und weil du spinnst. Gut. Ich will dir sagen, was ich mache. Ich nehme dir deinen Rock ab, und das Pferd dazu. Dann reite ich zu meinen Verwandten, und du kannst meinetwegen meine Datteln aufessen und dir einbilden, du wärst ein Weiser. Ich zähle bis drei, dann gehe ich dir an die Gurgel. Hast du mich verstanden?
ZHUANGZI Das ist doch nicht dein Ernst?
TOTER MANN Eins.
ZHUANGZI Weißt du, was ich hier habe?
TOTER MANN Zwei.
ZHUANGZI Das ist eine Trillerpfeife.
TOTER MANN Drei.
ZHUANGZI Au!
Er röchelt. Pfeift dreimal.
TOTER MANN Was soll das?
ZHUANGZI Gleich wird ein Gendarm hier sein.
TOTER MANN Ein Gendarm? Hier? Mitten in der Wildnis?
Man hört von weitem her Rufe. Das Pferd wiehert.

GENDARM Halt! Keine Bewegung! Stehenbleiben! Haltet den Dieb!

TOTER MANN Ich habe ihn schon!

GENDARM Nicht lockerlassen! Ich komme.

TOTER MANN Siehst du! Das hast du davon.

GENDARM Sehr gut. Hände her!

ZHUANGZI Was?

GENDARM Du sollst deine Hände ausstrecken, damit ich dich fesseln kann, du Lumpenhund.

ZHUANGZI Was soll das heißen?

GENDARM Was das heißen soll? Das soll heißen, daß wir dich erwischt haben, mein Bester.

ZHUANGZI Erst rufe ich Euch zu Hilfe, und dann wollt Ihr mich festnehmen?

GENDARM Was sagst du da?

ZHUANGZI Ich bin es, der Euch gerufen hat. Hier, bitte sehr, das ist mein Trillerpfeifchen.

GENDARM Das versteh ich nicht. Erst stiehlt er diesem armen Teufel seine Kleider, und dann pfeift er dem Gendarmen? Schön blöde.

TOTER MANN Nicht nur die Kleider hat er mir geklaut. Auch meinen Schirm. Und mein Bündel. Es waren sieben Lot Zucker darin ...

GENDARM Alles der Reihe nach. Erst der Verhaftete, dann der Zeuge.

ZHUANGZI Ich will Euch alles erklären. Also, ich komme hier vorbeigeritten und finde diesen Toten hier im Sand.

GENDARM Was für einen Toten?

TOTER MANN Er bildet sich ein, ich wäre gestorben, und zwar vor fünfhundert Jahren.

GENDARM Sehr verdächtig.

ZHUANGZI Als ich vorbeikam, war er jedenfalls tot. Ich sah seinen Schädel im Sand, und ich habe ihm das Leben gerettet.

GENDARM Einem Toten das Leben gerettet? Wie denn?

ZHUANGZI Ich habe den großen Gott des Schicksals angerufen, und auf meine Bitten hin hat er diesen da von den Toten auferstehen lassen.

GENDARM Ach so, und dann?

ZHUANGZI Kaum war er wieder lebendig, da ist er über mich hergefallen und hat mich beschimpft und hat behauptet, ich hätte ihm seinen Lumpenkram gestohlen.

TOTER MANN Was heißt hier Lumpenkram? Sieben Lot Zukker, zwei Pfund Datteln und einen Schirm! Von meinen Kleidern ganz zu schweigen!

ZHUANGZI Schaut mich an, Wachtmeister! Sehe ich aus wie ein Dieb?

GENDARM Man kann dem Menschen ins Gesicht sehen, aber nicht ins Herz. Irgendwie kommt Ihr mir bekannt vor. Aber woher soll ich wissen, wer hier lügt, und wer die Wahrheit sagt? Das beste wird sein, wir gehen alle miteinander auf die Wache.

ZHUANGZI Ausgeschlossen. Das kommt gar nicht in Frage. Ich befinde mich auf dem Weg zum König von Shi. Ich habe keine Zeit zu verlieren.

TOTER MANN Jetzt auf einmal hat er es eilig.

GENDARM Erlaubt mir eine Frage. Seid Ihr nicht Zhuangzi, der Weise?

ZHUANGZI Jawohl, der bin ich. Zhuangzi, der Patriarch aus Yuan.

GENDARM Ich habe nie die Ehre gehabt, Euch zu begegnen. Aber mein früherer Hauptmann hat sehr oft von Euch gesprochen, Meister. Ich gebe zu, nicht alle Gendarmen sind Weise, und nicht alle Weisen sind Gendarmen. Aber es kommt vor, daß sich das eine zum andern fügt, vielleicht öfter als Ihr denkt. Jedenfalls war mein früherer Hauptmann ein großer Bewunderer Eurer Lehren. Wie oft hat er abends auf der Wache Eure Schrift *Über das Verschwinden des Un-*

terschieds zitiert! Einige Stellen weiß ich auswendig, weil sie mir so gut gefallen. Zum Beispiel: »Wo Leben ist, da ist auch Tod, und wo Tod ist, da ist auch Leben. Der Schritt vom Möglichen zum Unmöglichen ist unmerklich klein, und unmerklich klein ist der Schritt vom Unmöglichen zum Möglichen.« Und so weiter. Was für ein glänzender Stil! Was für ein wunderbares Werk! Jeder Gendarm sollte es lesen, pflegte mein früherer Hauptmann zu sagen.

TOTER MANN Philosoph müßte man sein.

GENDARM Wieso?

TOTER MANN Ein Philosoph braucht nur den Mund aufzutun, und wenn man ihm zuhört, weiß man nach einer Weile nicht mehr, ob man tot oder lebendig ist. Am Schluß steht man da wie ich, ohne Datteln, ohne Kleider, ohne Schirm. Und wenn ein Gendarm kommt, verbeugt er sich. Meister vorn und Meister hinten, heißt es dann. Statt daß der Halunke eingesperrt wird, läßt man ihn laufen. »Was für ein glänzender Stil!« Und ich, der Schuster Yang, bin der Dumme.

ZHUANGZI Es ist spät geworden, Wachtmeister, und ich muß sehen, wie ich weiterkomme.

TOTER MANN Das könnte dir so passen! Du reitest fort, und ich bleibe hier, ohne Hemd und ohne Schirm. Das kann er mir nicht antun. Seht mich doch an, Herr Gendarm!

GENDARM Allerdings... Unter diesen Umständen... Das ist eine schwierige Sache... Sagt selber, Meister... Das geht nicht... Wie soll ich sagen? Ihr seid doch mit allem versehen, was zu einer weiten Reise nötig ist. Nicht gerade reichlich, aber besser als er. Vielleicht möchtet Ihr ihm etwas abgeben, damit er sich bedecken kann?

ZHUANGZI Nichts würde ich lieber tun; denn es war nicht die Natur, die mich mit diesen Kleidern ausgestattet hat. Daher könnte ich sie ohne weiteres ablegen. Doch bin ich, wie bereits erwähnt, auf dem Wege zum Hof des Königs von Shi.

Dort aber kann ich nicht ohne Kleider erscheinen, und ebensowenig kann ich diesem da einen Teil davon geben, denn wie sähe es aus, wenn ich dem König im Rock, aber ohne Hemd, oder im Hemd, aber ohne Rock unter die Augen träte?

GENDARM Ihr habt recht.

Man hört das Pferd wiehern. Dann das Geräusch galoppierender Hufe, die sich entfernen.

ZHUANGZI Halt! Halt! Haltet den Dieb!

Er pfeift auf seiner Trillerpfeife.

Er ist auf und davon mit meinem Pferd. Seht Ihr jetzt, wer hier der Strauchdieb ist?

GENDARM Jedenfalls sind wir ihn los.

ZHUANGZI Aber ohne mein Pferd bin ich verloren! Wie soll ich zu Fuß in das Königreich Shi kommen? Ich will mein Pferd wiederhaben!

GENDARM Vor allem dürft Ihr die Gelassenheit nicht verlieren. Die Gelassenheit ist wichtiger als das Pferd. Denn ohne Gelassenheit könnt Ihr den Pfad der Weisheit nicht finden.

ZHUANGZI Geh zum Henker mit deiner Gelassenheit!

GENDARM Ein Schmetterling müßte man sein! Eines Tages träumte mir, ich sei ein Schmetterling, und ich schwebte hierhin und dorthin, wie es mir gefiel ...

ZHUANGZI Ihr seid kein Schmetterling, sondern ein Gendarm. Und ein Gendarm hat nicht zu träumen, er hat die Diebe zu verfolgen und zu fangen, verstanden?

GENDARM Das ist leicht gesagt. Aber wie soll ich ihn einholen, da er ein Pferd hat, und ich nicht?

ZHUANGZI Dann sagt mir wenigstens, wie ich zur nächsten Herberge komme. Es wird schon dunkel.

GENDARM Das beste ist, Ihr wandert die Nacht durch: denn es gibt hier in unserer Gegend weit und breit keine Herberge.

ZHUANGZI Dann verlange ich, zu Eurer Wache geführt zu werden.
GENDARM Das ist unmöglich.
ZHUANGZI Warum soll das unmöglich sein?
GENDARM Ich kann Euch nicht auf die Wache bringen, denn Ihr habt Euch nichts zuschulden kommen lassen.
ZHUANGZI Ich werde mich bei deinem Hauptmann beschweren.
GENDARM Das würde ich Euch nicht raten.
ZHUANGZI Er kennt mich und weiß meine Werke zu schätzen. Ihr habt es selber gesagt.
GENDARM Das war mein früherer Hauptmann. Der hatte viel für die Weisheit übrig. Aber er ist schon lange nicht mehr hier. Ein Posten auf dem Lande, das ist nichts für einen gelehrten Mann. Er ist befördert worden und in die Hauptstadt gezogen.
ZHUANGZI Und wer ist an seine Stelle getreten?
GENDARM Mein jetziger Hauptmann liest keine weisen Schriften. Er sagt, man sollte alle Philosophen aufhängen. Deshalb rate ich Euch, zieht Eures Weges.
ZHUANGZI Aber vorhin hast du meine Schrift zitiert. »Ein wunderbares Werk!« Und jetzt willst du mir nicht einmal ein Nachtquartier verschaffen.
GENDARM Unter uns gesagt, ich neige den Ansichten meines früheren Hauptmanns zu. Aber mein früherer Hauptmann ist mein früherer Hauptmann, und mein jetziger Hauptmann ist mein jetziger Hauptmann. Versteht Ihr? Und somit wünsche ich Euch gute Nacht, und gute Reise!
Musik.

ZHUANGZI Er hat mich im Stich gelassen! Es ist schon ganz finster! Ich kann nicht mehr. Großer Gott des Schicksals, womit habe ich das verdient?
Donner.

SCHICKSALSGOTT Wird man nie seine Ruhe haben? Wie oft wirst du mich noch rufen, Zhuangzi, elender Wurm? Glaubst du, ich habe nichts anderes zu tun, als mich mit deinem kümmerlichen Los zu beschäftigen?
ZHUANGZI Diesmal, erhabener Gott des Schicksals, habe ich dich aus Versehen gerufen. Aber sei so gut und höre mich an. Hier sitze ich im Dunkeln und kann nicht weiter, denn der Schuster Yang, den du heute mittag von den Toten hast auferstehen lassen, hat mir mein Pferd gestohlen. Bitte, gib mir mein Pferd zurück!
SCHICKSALSGOTT So ein Rüpel! So ein Egoist! Schreit hier herum und ruft den Gott des Schicksals an, und worum handelt es sich? Um einen alten Karrengaul! Was geht mich dein Pferd an! Das ist die Höhe!
ZHUANGZI Und außerdem fehlt mir mein Ranzen!
SCHICKSALSGOTT Wenn du nicht von allen guten Geistern verlassen bist, Zhuangzi, dann hör mir jetzt gut zu. Du solltest wirklich nicht so viel Aufhebens machen. Ein Ranzen ist schließlich nur ein Ranzen, aber das Schicksal ist das Schicksal, damit ist nicht zu spaßen.
ZHUANGZI Aber in meinem Ranzen waren alle meine Schriften! Unersetzliche Handschriften! *Über die Weisheit des Verschwindens. Über den Unterschied. Über die Lehre von der Einheit des Verschiedenen.* Ich will meine Handschriften wiederhaben!
SCHICKSALSGOTT Die Bücher sind nicht das Wichtigste im Leben. Manchmal kommt es auf die Bücher an, manchmal sind sie überflüssig. Die Ameisen haben ihren Ameisenhaufen, die Bäume ihr Laub, aber die Wüste und der Schnee sind unbeschriebene Blätter. Und wie ist es mit den Menschen? Urteile selbst!
ZHUANGZI Großer Gott, ich habe es satt. Die Weisheit hängt mir zum Halse heraus. Ich wollte, ich wäre tot, dann säße ich nicht hier in der Dunkelheit, ohne Pferd und ohne Ranzen.

SCHICKSALSGOTT Also gut, ich will dir deine Bitte gewähren, schon damit ich endlich meine Ruhe habe.
ZHUANGZI Du gibst mir mein Pferd und meinen Ranzen wieder?
SCHICKSALSGOTT Nein. Ich werde dich von deinen Sorgen erlösen, damit du endlich den Mund hältst.
ZHUANGZI Was?
SCHICKSALSGOTT Du hast selber gesagt: »Ich wollte, ich wäre tot.«
ZHUANGZI So habe ich es nicht gemeint. Ich flehe dich an, erhabener Gott des Schicksals, verschone mich!
SCHICKSALSGOTT Du brauchst keine Angst zu haben. Es tut nicht weh.
ZHUANGZI Nein! Ich will nicht! Die Würmer werden mich fressen!
SCHICKSALSGOTT Wo Leben ist, da ist auch Tod, und wo Tod ist, da ist auch Leben. Aber weil du es bist, will ich eine Ausnahme machen. Damit dich die Würmer nicht kriegen, sollst du blank und sauber aussehen, als wärst du schon fünfhundert Jahre lang tot.
ZHUANGZI Ich will nicht! Ich will nicht!
SCHICKSALSGOTT Fürchte dich nicht! Du bist müde. Du wirst einschlafen und träumen, du seist ein Schuster, oder ein Schmetterling.
Donner, Musik, Schweigen. In der Ferne hört man ein Pferd wiehern. Hufgeklapper, das allmählich näher kommt. Das Pferd verlangsamt seinen Gang und bleibt stehen.

TOTER MANN Wo bin ich? Es ist stockfinster. Manchmal glaube ich fast, der verdammte Klepper führt mich im Kreis herum. Diese Kälte dringt einem durch Mark und Bein. Wenn das so weitergeht, werde ich erfrieren. Wenn ich wenigstens eine Decke hätte! Ich kann nicht mehr, ich bin todmüde. Ich werde ein wenig ausruhen, das kann nicht schaden.

Pause.
He! Ist hier jemand?
Pause.
Weit und breit kein Mensch. Allmählich habe ich es satt, der Schuster Yang zu sein und splitternackt durch diese wüste Gegend zu reiten, auf einem gestohlenen Pferd, unterwegs zu meinen Verwandten. Gendarm müßte man sein. Bei einem schönen Feuerchen in der Wachstube sitzen und träumen, das wäre jetzt das Richtige.
Pause.
Was ist denn das? Ein Haufen Kleider! Ein altes Hemd! Ein Rock. Dünn und abgeschabt, aber besser als nichts. Glück muß der Mensch haben. Jaja, der Schritt vom Unmöglichen zum Möglichen ist unmerklich klein. Hier liegt noch etwas herum, etwas Hartes. Ein Schädel! Ein Totenschädel. Wie der wohl hierherkommt? Er ist ganz blank und sauber. Sicher ist er schon lange tot, der arme Teufel. Was den wohl hierhergebracht hat?
Er klopft an den Schädel.
Bist du verhungert und erfroren?
Er klopft.
Hast dich am Ende selber umgebracht, alter Feigling?
Er klopft.
Oder bist du an der Dummheit zugrunde gegangen?
Er klopft.
Klingt hohl. Keine Antwort. Ich glaube, ich bin hier der Dumme. Wer denn sonst? Ein toter Mann ist ein toter Mann. Ein toter Mann kann nicht reden.
Das Pferd wiehert. Musik.

Diderot und das dunkle Ei

Ein Interview

Personen
EIN BESUCHER AUS DEM 20. JAHRHUNDERT
DENIS DIDEROT

Musik
J. S. Bach

DER BESUCHER Herr Diderot! Herr Diderot!
DIDEROT Ja.
DER BESUCHER Bitte, Herr Diderot – auf ein Wort!
DIDEROT *Zu sich selber, sotto voce.* Das ist ja zum Verrücktwerden. Keine ruhige Minute! *Laut.* Einen Moment! Ich bin gleich da. *Pause.* Wer hat Sie hereingelassen?
DER BESUCHER Die Tür stand offen.
DIDEROT Das ist es ja. Meine Tür steht immer offen. Man läßt mich nicht arbeiten. Das ist eine Verschwörung. Man hat es auf mich abgesehen. Lachen Sie nur!
DER BESUCHER Aber Herr Diderot...
DIDEROT Man schickt mir die unglaublichsten Leute ins Haus, man verwickelt mich in alle möglichen Intrigen, man hält mich zum Narren, und das alles nur, damit ich nicht weiterkomme mit diesem verdammten Trödel, den ich mir aufgeladen habe. Da, sehen Sie, alles voller Manuskripte, stapelweise. Ganze Kisten voller Papier. Ich komme mir wie ein Packesel vor. Und wenn die Mitarbeiter wenigstens Französisch könnten! Aber nein, alles muß ich umschreiben, redigieren. D'Alembert ist der Schlimmste. Dieser Pedant! Unleserliches Zeug. Zu allem Überfluß ist er auch noch vorsichtig. Ein Angsthase. Am liebsten ließe er mich sitzen. Ja, damals, als wir anfingen, sah es anders aus. Damals ließ er es an großen Worten nicht fehlen. Prospekt, *Avertissement, Discours préliminaire.* Über hundert Seiten Rhetorik. Aber jetzt, wo uns die Scherereien über den Kopf wachsen, die Verleger nicht zahlen wollen, die Zensur das Messer wetzt, jetzt droht er mir ganz offen, sich aus der ganzen Sache zurückzuziehen.
DER BESUCHER Sie meinen die *Encyclopédie.*
DIDEROT Entschuldigen Sie.
DER BESUCHER Nein, ich habe mich zu entschuldigen. Ich dringe einfach bei Ihnen ein, halte Sie von Ihren Geschäften ab...

DIDEROT Ein Diner bei Madame Geoffrin, das ist alles. Im übrigen sind Sie nicht der erste Besucher, den ich heute empfange. Wenn Sie wüßten, was ich heute schon alles mitgemacht habe ... Nein, nein, bleiben Sie! Setzen Sie sich! Darf ich Ihnen etwas anbieten? Nein? Ich kann Ihnen sagen, dieses Zimmer ist der reinste Taubenschlag. Schauspieler, denen man eine Rolle verweigert hat, Drucker, die sich in politische Händel verwickelt haben, Witwen, die um jeden Preis eine Pension erlangen wollen. Ich frage Sie, was veranlaßt diese Leute, zu mir zu kommen?

DER BESUCHER Sie sind berühmt, und man sagt Ihnen nach, daß Ihr Einfluß sehr weit reicht.

DIDEROT Aber ich bitte Sie! Sehen Sie sich doch um. Sieht so die Wohnung eines mächtigen Gönners aus? Die Bleibe eines Lumpenhändlers, die Mansarde eines Flickschusters – das käme der Sache näher. Madame Geoffrin behauptet übrigens, der Beruf eines Schriftstellers sei nur ein fortwährendes Malheur. Ein Schuhmacher könne etwas Nützliches arbeiten und sich fortbringen, ein Autor dagegen stünde immer vor dem Nichts. Vielleicht gibt sie deshalb den Literaten so üppige Diners. – Kommen wir zur Sache. Wo ist Ihr Manuskript?

DER BESUCHER Was für ein Manuskript?

DIDEROT Sie haben kein Manuskript mitgebracht? Ich hätte schwören können, daß Sie einer jener jungen Autoren sind, die mir die Tür einrennen.

DER BESUCHER Sie hätten die Wette verloren.

DIDEROT Heute nachmittag waren es zwei.

DER BESUCHER Zwei Dichter, die Sie um Ihren Rat gefragt haben?

DIDEROT Dichter wäre zuviel und Rat wäre zuwenig gesagt.

DER BESUCHER Was wollten sie denn?

DIDEROT Der erste kam mit einem Pamphlet, und was glauben Sie, wen er zur Zielscheibe seiner Angriffe gemacht hatte?

DER BESUCHER Die Regierung vermutlich, oder den Erzbischof von Paris.
DIDEROT Sie werden es nicht für möglich halten. Er brachte mir eine Schmähschrift auf Diderot.
DER BESUCHER Auf Sie?
DIDEROT Schlecht geschrieben und voller niederträchtiger Verleumdungen. Er bat mich, das Manuskript durchzusehen und meine Verbesserungen an den Rand zu schreiben.
DER BESUCHER Sie haben ihn hinausgeworfen.
DIDEROT Ich habe ihn gefragt, warum er über mich herfiele, und was ihn veranlaßt habe, mir seine Satire zu überreichen. Er antwortete mir ganz kaltblütig, er habe nichts zu essen, und er hoffe, ich werde ihm ein paar Taler geben, damit er sein Werk nicht drucken lasse.
DER BESUCHER Eine Unverschämtheit.
DIDEROT Er wäre nicht der erste Schriftsteller, der sich dafür bezahlen ließe, daß er den Mund hält. Aber ich hatte eine bessere Idee. Ich riet ihm, sich an den Bruder des Herzogs von Orléans zu wenden. Dieser Herr ist sehr fromm, und er verabscheut mich. Gehen Sie zu ihm, sagte ich, widmen Sie ihm Ihr Machwerk. Ich bin sicher, Sie werden nicht leer dabei ausgehen.
DER BESUCHER Sind Sie immer so großzügig?
DIDEROT Warten Sie! Der Kerl gab sich noch nicht zufrieden. Was soll ich machen, sagte er, ich kenne den Herzog nicht, und ich bin auch nicht imstande, ihm eine Widmungsadresse zu schreiben. Geben Sie her, sagte ich. Und so habe ich ihm mit eigener Hand eine kriecherische Epistel geschrieben. Ich bin sicher, daß er mindestens fünfundzwanzig Louis d'or dafür bekommt.
DER BESUCHER Ich frage mich nur, wer da wen zum Narren gehalten hat.
DIDEROT Das ist noch nicht alles. Kaum war dieser Mensch aus der Tür, klopft es von neuem. Der nächste Besucher war

ein Komödienschreiber, den ich vom Theater her kenne. Ein rechter Pulcinell, immer gut aufgelegt, geldgierig, aber nicht geizig; im Gegenteil, er wirft das Geld, das man ihm leiht, zum Fenster hinaus. Im übrigen lebt er von den Ideen anderer Leute. Er spitzt die Ohren, schnappt hier ein Bonmot, dort eine Klatschgeschichte auf, und im Handumdrehen bringt er die neuesten Sottisen zu Papier und auf die Bühne. Er sitzt da, wo Sie jetzt sitzen, er plündert mich aus, er verabschiedet sich. Auf der Treppe dreht er sich plötzlich um und fragt mich: Monsieur Diderot, kennen Sie sich in der Naturgeschichte aus? Ein bißchen, antworte ich. Jedenfalls kann ich eine Aloe von einem Kopfsalat und eine Taube von einem Kolibri unterscheiden. – Aha, ruft er, dann wissen Sie sicher auch, was ein Ameisenlöwe ist. – Nein. – Er kommt die drei Treppenstufen herauf und flüstert mir zu: Der Ameisenlöwe ist ein kleines, sehr geschicktes Biest. Er wühlt ein trichterförmiges Loch in die Erde und deckt es oben mit einer dünnen, leichten Sandschicht zu; dann lockt er ein argloses Kerftier an, das in den Trichter fällt, fängt es, saugt es aus und sagt zu ihm: Monsieur Diderot, ich habe die Ehre, Ihnen einen guten Tag zu wünschen. – Sie sehen, mein Herr, diesmal war ich der Dumme; ehe ich mich von meiner Verblüffung erholt hatte, war der Strolch verschwunden.

DER BESUCHER Verzeihen Sie, Herr Diderot, aber Ihre Klagen machen auf mich nicht den geringsten Eindruck. Wenn Sie sich mit solchen Besuchern abgeben, sind Sie selber schuld.

DIDEROT Ich versuche mich zu amüsieren, das ist alles.

DER BESUCHER Vielleicht sind Ihnen diese Störenfriede sogar willkommen. Solange Sie sich unterhalten, brauchen Sie nicht zu arbeiten. Außerdem sind Sie neugierig.

DIDEROT Das ist mein Beruf. – Darf ich fragen, was Sie da haben?

DER BESUCHER Ich?

DIDEROT Sie fuchteln fortwährend damit herum. Das dunkle Ei, das Sie in der Hand halten.

DER BESUCHER Sie meinen das Mikro.

DIDEROT Mikro?

DER BESUCHER Ja, ein Mikrophon. Ich habe es mitgebracht, damit ich das, was Sie sagen, nicht vergesse. Eine sehr nützliche Erfindung.

DIDEROT Wozu dient es? Welche Operationen kann es ausführen? Wozu brauchen Sie es?

DER BESUCHER Ja, wie soll ich Ihnen das erklären ... Es handelt sich um eine Art Ohr. Das Mikrophon ist ein künstliches Ohr. Im Inneren des Eis befindet sich eine Membran.

DIDEROT Ein Trommelfell.

DER BESUCHER So könnte man es nennen. Und die Schnur hier ist der Nerv. Alles, was das Mikrophon hört, wird in dieser kleinen Schachtel aufbewahrt.

DIDEROT Ich begreife nicht, wie das zugehen soll.

DER BESUCHER Ganz einfach. Diese kleine Maschine hier nimmt alles, was wir sagen, auf.

DIDEROT Wollen Sie behaupten, daß Sie ein mechanisches Gehirn erfunden haben?

DER BESUCHER Nun, es handelt sich nicht um meine Erfindung. Außerdem kann man nicht sagen, daß die Maschine denkt.

DIDEROT Aber sie kann sich alles merken. Sie nimmt die Schwingungen der Luft auf, die wir verursachen, und gibt sie wieder. Sie ist zugleich ein Gedächtnis und ein sprechendes Wesen. Das wollen Sie mir doch weismachen. Oder habe ich Sie falsch verstanden?

DER BESUCHER Nein.

DIDEROT Ich glaube, Sie binden mir einen Bären auf. Das ist eine Mystifikation. Aber die Idee interessiert mich. Wissen Sie, was ich neulich zu d'Alembert gesagt habe? Wir sprachen über den Unterschied zwischen der belebten und der unbelebten Materie. Ich glaube, ich habe unsere Unterhaltung irgendwo notiert. Warten Sie ... Hier! Ich habe zu d'Alembert gesagt: »Denken Sie sich ein Klavier, das Empfindungsvermögen und Gedächtnis besäße ... Es ist doch klar, daß ein solches Klavier die Weisen, die Sie gespielt haben, von selbst wiederholen würde. Wir sind doch nichts anderes als Klaviere mit Empfindungsvermögen und Gedächtnis. Unsere Sinne sind soundsoviele Tasten, die von der uns umgebenden Natur angeschlagen werden. Das ist, glaube ich, alles, was in einem Klavier vorginge, das so eingerichtet wäre wie Sie und ich. Wenn dieses empfindungsfähige und mit Erinnerungsvermögen begabte Klavier dann auch noch die Fähigkeit besäße, sich zu ernähren und fortzupflanzen, dann würde es leben und entweder aus sich selbst oder mit seinem Weibchen kleine Klaviere erzeugen – lebende, tönende, kleine Klaviere, genau wie ein Fink, eine Nachtigall oder ein Mensch. Es ist gar nicht so leicht, den Unterschied zwischen einem Zeisig und einer Zeisigflöte zu bestimmen.« Dann habe ich ihm ein Ei gezeigt, es war kein schwarzes, sondern ein ganz gewöhnliches weißes Ei, und ich habe behauptet, mit einem solchen Ei könne man alle theologischen Schulen aus den Angeln heben. – Sie sehen also, das Märchen, mit dem Sie mich erschrecken wollen, kommt mir bekannt vor.

DER BESUCHER Aber ich versichere Ihnen, Herr Diderot, Sie irren sich. Das ist keine Mystifikation. Bitte, probieren Sie es selbst. *Er schaltet den Rücklauf ein. Bandgeräusch. Stop.* Sie brauchen nur auf diesen Knopf zu drücken.

DIDEROT *Drückt auf den Knopf. Stimme vom Band.* Das Märchen, mit dem Sie mich erschrecken wollen, kommt mir bekannt vor.

DER BESUCHER *Vom Band.* Aber ich versichere Ihnen, Herr Diderot, Sie irren sich, das ist keine Mystifikation. Bitte, probieren Sie es selbst. *Schaltgeräusch. Bandgeräusch.*

Stop. Sie brauchen nur auf diesen Knopf zu drücken. Schaltgeräusch. Stille.
DIDEROT Genial. Ich begreife nicht, wie so etwas möglich ist. Aber eines ist klar, wenn ich eine solche Maschine hätte, bräuchte ich nie wieder eine Zeile zu schreiben. Die Ideen flögen durch die Luft, leicht wie Spinnweb, wie geisterhafte Keime, nicht nur durch den Raum, sondern auch durch die Zeit, ohne Papier, ohne Buchbinder, ohne Erlaubnis, ohne Zensur. Eine Erfindung aus Tausendundeiner Nacht. Das Theater wäre überflüssig, der Salon, die Académie, die auswendig gelernten Lektionen in der Schule und sogar die Enzyklopädie ... Alles überflüssig! Wir brauchten nichts weiter als diese kleine Maschine, die uns zuhört und die spricht. Wo haben Sie dieses Wunderwerk her? Der Mechaniker, der sie gebaut hat, muß ein Genie oder ein Lügner sein, ein Zauberer, ein Wohltäter der Menschheit. Ich möchte ihn kennenlernen.
DER BESUCHER Ich kenne ihn selber nicht.
DIDEROT Schade. *Pause.* Hören Sie, ich habe eine Idee. Wenn sich Ihr Mnemnophon ...
DER BESUCHER Mikrophon.
DIDEROT Wenn sich Ihr Mikrophon unsere Stimmen merken kann, warum nicht auch Töne, Melodien, Musik?
DER BESUCHER Warum nicht?
DIDEROT Ein Klavier, das die Weisen, die wir spielen, von selbst wiederholen würde.
DER BESUCHER Das ist möglich. Ich kann Ihnen ein Exempel demonstrieren. Sehen Sie diese durchsichtige Dose? Auf der Spule sitzt ein kleines braunes Band, um einen Kern gewickelt.
DIDEROT Ja.
DER BESUCHER Wollen Sie hören, was ihm eingeschrieben ist?
DIDEROT Ja.

Der Besucher wechselt die Kassette. Schaltgeräusch. Man hört ein prestissimo vorgetragenes Stück aus einer Bach-Partita, etwa die Gigue aus Nr. 1, gespielt von Glenn Gould. Mitten im Satz, nach einer dreiviertel Minute, Schaltgeräusch.

DIDEROT Schluß! Hören Sie auf! Das ist ja unerträglich.

DER BESUCHER Wieso unerträglich?

DIDEROT So kann nur der Teufel persönlich spielen, oder der Pianist ist wahnsinnig geworden.

DER BESUCHER Ich bin nicht Ihrer Meinung.

DIDEROT Zu rasch, zu nervös! Eine Katzenmusik. Außerdem, was das Instrument betrifft: solche Klaviere gibt es nicht. Glauben Sie mir, ich verstehe etwas davon. Ich habe sogar vor, mir aus Wien ein Piano von Silbermann zu verschreiben. Es ist das Allerneueste: die Hämmerchen mit Leder gepolstert, für jede Taste eine eigene Feder, eine vollkommen neuartige Dämpfung. Dagegen das, was Ihr Automat da spielt, mag sein, was es will, nur kein Klavier. Zum Glück für unsere armen Ohren: solche Klaviere gibt es nicht.

DER BESUCHER Wie Sie meinen, Herr Diderot. Es war schließlich Ihr Wunsch . . .

DIDEROT Ich habe im Augenblick nur den einen Wunsch, daß Sie mir endlich sagen, wer Sie sind, mein Herr, und was Sie von mir wollen.

DER BESUCHER Sie haben vorhin behauptet, es sei Ihr Beruf, neugierig zu sein.

DIDEROT Keine Ausflüchte, bitte.

DER BESUCHER Ich könnte dasselbe von mir sagen, sogar mit größerem Recht.

DIDEROT Kommen Sie zur Sache.

DER BESUCHER Ich bin Reporter.

DIDEROT Drücken Sie sich deutlicher aus.

DER BESUCHER *Reporter* ist englisch und heißt soviel wie Berichterstatter.

DIDEROT Ah! Sie sind ein Spitzel! Wie Sie sehen, hält sich meine Überraschung in Grenzen. Ich bin es gewöhnt, daß man mir nachspioniert. Wer hat Sie geschickt? D'Argenson? Oder der Generalstaatsanwalt? Reden Sie schon! Sie brauchen keine Angst zu haben. Was wollen Sie wissen?

DER BESUCHER Sie tun mir unrecht. Ich habe nichts mit der Polizei zu tun. Ein Reporter ist eine Art von Journalist.

DIDEROT Sie haben die Absicht, etwas über mich zu schreiben? Vermutlich ein Pamphlet? Das nimmt ja keine Ende.

DER BESUCHER Ich versichere Ihnen, daß ich keine Zeile schreiben werde. Das überlasse ich den Kritikern. Bei meiner Arbeit gehe ich ganz anders vor.

DIDEROT Nämlich?

DER BESUCHER Ich erkundige mich, wo Monsieur Denis Diderot wohnt, ich begebe mich in die Rue Tarenne, ich werde empfangen, ich verwickle den Mann, für den ich mich interessiere, in ein Gespräch, ich frage ihn aus, ich merke mir – oder besser gesagt, meine Maschine merkt sich alles, was er äußert. Das ist alles. Man nennt dieses Verfahren ein Interview. Wie Sie sehen, handelt es sich um eine sehr praktische Methode.

DIDEROT Aber wie sind Sie auf mich verfallen? Warum unterhalten Sie sich nicht mit Ihrem Bäcker, Ihrem Handschuhmacher, Ihrem Kutscher? Oder mit einer jener reizenden Nymphen, die man um fünf Uhr abends auf den Bänken des Palais Royal findet? Sie treffen dort eine leichtfertige Gesellschaft an, die nichts Besseres zu tun hat, als sich und Ihnen die Zeit zu vertreiben.

DER BESUCHER Ich wende mich nur an Leute, die gescheiter, wichtiger und berühmter sind als ich.

DIDEROT Auf diese Weise geben Sie selbst den Anschein, gescheit, wichtig und berühmt zu sein.

DER BESUCHER Das will ich nicht leugnen.

DIDEROT Und das alles tun Sie nur zu Ihrer Belustigung?

DER BESUCHER Wo denken Sie hin! An allem, was ich Ihnen entreißen kann, lasse ich das Publikum teilnehmen. Übrigens muß ich vom Verkauf meiner Arbeit leben.

DIDEROT Ich möchte nicht unhöflich sein, aber es will mir scheinen, als könnte man das, was Sie tun, nicht eigentlich Arbeit nennen. Sie lauern mir auf, nehmen meine Zeit in Anspruch, lassen mich reden – und dann wollen Sie meine Gedanken verkaufen?

DER BESUCHER Das ist der Lauf der Welt. Dort, wo ich herkomme, gilt der Journalismus als ein ehrbarer Beruf.

DIDEROT Nun, ich muß gestehen, daß mir die Sache nicht ganz fremd ist, obwohl mir das Wort nicht gefällt. Journalist, Journalist ... Es kommt ganz darauf an, was man darunter versteht. Kennen Sie Sokrates?

DER BESUCHER Sokrates?

DIDEROT Ja. Er pflegte seine Mitbürger auszufragen, so lange, bis es ihnen zu dumm wurde. Sie wissen wohl, daß er kein gutes Ende genommen hat. Man muß zugeben, daß er ein unerträglicher Besserwisser war. Aber seine Fragen waren nicht übel. Er nannte allerdings das, was er mit den Athenern trieb, nicht Journalismus, sondern Hebammenkunst. Auch ich habe mich in diesem Metier versucht. Sehen Sie das Modell hier. Wissen Sie, was das ist?

DER BESUCHER Eine Maschine.

DIDEROT Ja, aber was für eine?

DER BESUCHER Ich kenne mich in diesen Dingen nicht aus.

DIDEROT Ein mechanischer Wirkstuhl. Sie können damit Strümpfe herstellen. Um zu begreifen, wie er funktioniert, habe ich ihn auseinandergenommen und wieder zusammengesetzt. Das würde ich auch mit Ihrem Automaten gerne machen, auf die Gefahr hin, daß ich ihn ruiniere.

DER BESUCHER Aber wozu denn?

DIDEROT Wenn sie wüßten, was für Scherereien mir die Zeichner und Stecher machen, die ich für die Tafelbände der *Encyclopédie* engagiert habe! Die Leute sehen nur die Oberfläche der Dinge. Aber es handelt sich darum, die Prinzipien zu verstehen, nach denen ein Wirkstuhl arbeitet. Er besteht aus Hunderten von Einzelteilen, die alle numeriert werden müssen. Dazu muß man jedes Rädchen kennen. Bedenken Sie, daß diese Tafeln in die Hände von Fachleuten kommen, die danach arbeiten wollen. Wie sollen sie sonst ihre Manufakturen verbessern? Ein sehr anspruchsvolles Publikum! Ich habe ganze Wochen in den Werkstätten der Gobelinarbeiter, der Möbeltischler, der Glasbläser zugebracht, in den Laboratorien der Chemiker und der Färber! Ich gebe zu, das ist auch eine Art von Spionage.

DER BESUCHER Sehen Sie! Sie gehen zu den Strumpfwirkern und ich zu den Philosophen.

DIDEROT Aber Sie sind allzu genügsam. Sie lassen sich mit Klatschgeschichten abspeisen. Der Möbeltischler weiß ganz genau, wovon er redet, wenn er Ihnen den Unterschied zwischen Schropp-, Schlicht- und Simshobel, Rauhbank und Lochholz erklärt. Dagegen die Philosophen ...

DER BESUCHER Ich finde, Sie sind ein sehr lohnendes Objekt, Herr Diderot.

DIDEROT Wissen Sie, woran Sie mich erinnern? An den Ameisenlöwen. Ich bin in Ihren Trichter gefallen, und nun werde ich ausgesaugt. Mit einem Wort, Sie sind ein Parasit.

DER BESUCHER Sie lassen kein gutes Haar an mir.

DIDEROT Es liegt mir ferne, Sie kränken zu wollen. Ganz im Gegenteil, ich interessiere mich leidenschaftlich für dieses Thema. Es wirft eine Reihe von philosophischen Fragen auf, mit denen ich mich seit langem beschäftige. Haben Sie bemerkt, daß es keine menschliche Gesellschaft ohne Parasiten gibt? Da fällt mir ein, haben Sie eine Ahnung, wie spät es ist?

DER BESUCHER Es wird gleich neun Uhr sein.

DIDEROT Um Himmelswillen! Ich werde mich verspäten. Madame Geoffrin wird sehr ungehalten sein. Ich frage mich, warum ich zugesagt habe. Man verliert bei diesen Diners nur seine Zeit.

DER BESUCHER Sie lieben die Gesellschaft.

DIDEROT Ich habe nicht die geringste Lust, hinzugehen. Und doch lasse ich mich fast jeden Abend einladen.

DER BESUCHER Weil Sie es nicht allein in Ihrem Zimmer aushalten.

DIDEROT Madame Geoffrin ist sehr liebenswürdig. Ein wenig vierschrötig, das ist wahr; ihr Gesicht ist ziemlich derb, sie hat nicht den Ehrgeiz, durch Eleganz aufzufallen; aber ihr Mann ist unermeßlich reich, er ist der größte Spiegelfabrikant Frankreichs, und da wir alle sehr eitel sind, ist er unentbehrlicher als der Präsident der Akademie.

DER BESUCHER Madame Geoffrin ist der Schutzengel der Philosophen, und Sie gelten als ihr Favorit. Man verwöhnt Sie. Die Damen reißen sich um Ihre Gesellschaft.

DIDEROT Sie übertreiben. Man setzt sich zu Tisch, man ißt und trinkt mehr, als einem guttut. Es wird spät. Man streitet sich, man verlangt von mir, daß ich zuhöre, daß ich witzig bin, daß ich Frieden stifte, wenn es allzu laut, und Unruhe, wenn es allzu still wird. Wenn dann endlich die Tafel aufgehoben ist, geht man zum Spieltisch, und ich verliere wie immer alles, was ich bei mir habe. Bevor ich mich verabschiede, leihe ich mir noch ein paar Livres von meinem Freund, dem Baron Grimm...

DER BESUCHER Und dann wenden Sie sich anderen Vergnügungen zu.

DIDEROT Wo denken Sie hin! Bis dahin bin ich viel zu erschöpft, um Abenteuer zu suchen. Aber Sie sehen, worauf ich hinauswill.

DER BESUCHER Nein.

DIDEROT Nein? Wie begriffsstutzig Sie sind, mein Lieber!

Können Sie mir nun sagen, wer in meinem Fall der Parasit ist, der Gastgeber oder der Gast?

DER BESUCHER Aha. Ich beginne zu verstehen...

DIDEROT Und wie im Kleinen, so im Großen. Sehen Sie sich um, mein Lieber. Wovon lebt die schöne Stadt Paris? Wir haben drei königliche Nachtstuhlprüfer am Hofe, sieben Hühneraugenoperateure, fünfundsiebzig Beichtväter. Man sagt, daß diese Schmarotzer dem französischen Volk die Butter vom Brot fressen, und das ist wahr. Aber gesetzt, wir schaffen alles Überflüssige ab, auch den Luxus, der sich an der Armut mästet, was wird dann aus den Fächermacherinnen, den Ebenisten und Vergoldern, den Ziselierern, Sporenschmieden, Sänftenträgern? Was wird aus ihren Frauen und Kindern? Leicht gesagt, fort mit der Verschwendung, Schluß mit der Üppigkeit! Vierzehntausend Barbiere und Perückenmacher müßten in Paris verhungern, ganz zu schweigen von den fünfunddreißigtausend Huren, die in dieser herrlichen Stadt ihrem Gewerbe nachgehen, den hundertfünfzigtausend Lakaien, den zahllosen Kutschern und Stallknechten. Ich will gar nicht von den achtzigtausend Bettlern und Dieben reden, die auch ein stattliches Kontingent ausmachen...

DER BESUCHER Ich wußte nicht, daß es so viele sind.

DIDEROT An jedem großen Herrn hängen dreißig solcher Geschöpfe, die ihn zur Ader lassen, und das ist wohlgetan.

DER BESUCHER Ist das Ihr Ernst?

DIDEROT Woher kommt wohl der Reichtum unserer Steuerpächter, Gerichtspräsidenten, unserer Diplomaten, Finanzkünstler und Erzbischöfe? Man erbt, man spekuliert, man bringt das Geld der anderen durch, aber zuletzt plündert immer einer den anderen aus. Alles Parasiten, und wen finden Sie an der Spitze des Gesindels? Den Bankier des Königs. Wie sagt der göttliche Jean-Jacques Rousseau? »Die gesellschaftliche Ordnung ist ein geheiligtes Recht.« Schaben und Milben, da haben Sie Ihren *contrat social.* »Die

Heiligkeit der Gesetze, das Glück der Gerechten und die Bestrafung des Bösen.« Daß ich nicht lache!

DER BESUCHER Aber schließlich gibt es auch noch Leute, die von ihrer Hände Arbeit leben. Denken Sie an die Bauern in der Vendée, in der Bretagne, in der Normandie.

DIDEROT Einverstanden. In der Landwirtschaft gibt es noch diese armen Teufel, die von ehrlicher Arbeit leben. Ich will es gerne glauben, obwohl die Kühe vielleicht anderer Meinung wären, wenn man sie fragen könnte. Auf dem Lande lebt man noch von der Hand in den Mund. Eine bescheidene Existenz, aber kommt sie Ihnen nicht recht einförmig, dumpf und langweilig vor? Ist es nicht ein wenig albern, hier in unsern bequemen Stühlen, bei unsern Büchern, einen Steinwurf weit vom Théâtre Français, am Kamin zu sitzen und das Lob des schlichten Landmannes zu singen? Nichts gegen Vergil, aber heutzutage sind alle Bucolica nur noch schlechte Literatur. Ich komme selber aus der Provinz, ich weiß, wovon ich spreche. Kaum nämlich gelingt es dem Bauernjungen, der Kate seiner Voreltern zu entrinnen, etwas zu lernen, seinen Verstand zu gebrauchen und ein Stückchen von der großen Welt zu sehen, da ist es um seine Schlichtheit geschehen. Überall, wo sich die Zivilisation verfeinert, wo das Gewebe der Gesellschaft ein wenig komplizierter wird, da beginnt auch die Ausbeutung. Und da wären wir wieder bei unserem Thema, dem Parasitentum.

DER BESUCHER Sie fassen zu vieles unter diesen Begriff. Es ist wahr, die Menschen tauschen nicht nur ihre Produkte, sondern auch ihre Fähigkeiten aus. Die Teilung der Arbeit, der Markt, die Zirkulation des Kapitals, das alles ist es, was wir Wirtschaft nennen. Es ist auch wahr, daß es dabei keineswegs gerecht zugeht. Aber Sie können nicht leugnen, daß man sich auf gewisse Spielregeln geeinigt hat. Gesetzt, alle würden sich an diese Spielregeln halten . . .

DIDEROT Unsinn. Wir halten uns nie an Spielregeln, wir überschreiten sie. Sie glauben doch nicht, daß sich der Mensch jemals mit dem, was er vorfindet, zufriedengeben wird? Er erfindet immer neue Bedürfnisse und immer neue Mittel, diese Bedürfnisse zu befriedigen. Das ist ein Fortschritt, der keine Spielregeln kennt. Wir sind weder willens, noch sind wir imstande, uns Beschränkungen aufzuerlegen.

DER BESUCHER Das hört sich fast so an, als ob Ihnen diese Entwicklung mißfiele.

DIDEROT Wer fragt danach, ob sie mir mißfällt oder nicht! Nehmen Sie nur die Herrschaft der Priester...

DER BESUCHER Für die Sie wenig übrig haben.

DIDEROT Allerdings. Aber wie ist sie aufgekommen? Versetzen wir uns um ein paar tausend Jahre zurück, denken wir uns ein Leben, wie es unsere fernen Vorfahren geführt haben mögen, abhängig von den Launen der Natur und des Wetters, vom Wohlergehen ihrer Hammel und vom Gedeihen der Steckrüben, die sie mit vieler Mühe gezogen hatten. Wer weiß, vielleicht hat unter ihnen eine Gleichheit geherrscht, von der wir heute nicht mehr zu träumen wagen. Bis einer unter ihnen auf den Gedanken kam, sich der Kräfte der Natur zu bemächtigen, durch allerlei Beschwörungen, durch Regen- und Fruchtbarkeitszauber, indem er seinen Brüdern und Schwestern vorstellte, er wisse besser als sie mit den höheren Mächten umzugehen, von denen sie auf Leben oder Tod abhingen. So mag der erste Priester erschienen sein, und mit ihm die ersten heidnischen Götter. Was wir heute als Aberglauben verdammen, war damals eine geniale Erfindung. Aber dieser Schritt hatte seinen Preis. Der Zauberer war auch der erste Parasit. Es ist gerade der Zug zum Höheren, der dazu führt, daß wir einander ausbeuten. Das gleiche Raisonnement können Sie anstellen, was die Aristokratie betrifft, den Hof mit seiner Etikette, seinen Vergnügungen, seinem Luxus. Das, was man die Verderbnis der Sitten nennt, ist vielleicht nur die Kehrseite unseres Aufstiegs.

DER BESUCHER Sie sehen überall die gleiche Gesetzmäßigkeit am Werk, so, als könnte der Mensch nur auf Kosten seinesgleichen leben. Den Dieb und den Richter, die Hure und den Hofmarschall, Sie schlagen alles über einen Leisten. Aber wie steht es dann mit den Künsten und den Wissenschaften? Und wie steht es mit den Philosophen? Sind das auch nur Schmarotzer? Das kann doch nicht Ihr Ernst sein.

DIDEROT Warum nicht? Wenn Sie zugeben, daß der Gast den Gastgeber aussaugt – und umgekehrt; der Reiche den Armen – und umgekehrt; warum sollte es sich mit dem Klugen und dem Dummen anders verhalten? Wir erweitern unsere Kenntnisse, und wir herrschen mit ihrer Hilfe über unseresgleichen und über die Natur. Aber man herrscht nicht ungestraft. Ich könnte mir denken, daß das Menschengeschlecht, wenn das alles so fortgeht, eines Tages die Erde auslaugen wird, von der es lebt. Eben weil der Mensch, wenigstens vorläufig, das höchste Wesen ist – wenn wir einmal absehen wollen von Engeln, Nymphen, Göttern, über die ich mir kein Urteil erlauben möchte –, eben deshalb ist er auch der größte Parasit. Das eine ist ohne das andere unmöglich.

DER BESUCHER Sie glauben also, daß es eines Tages ein übles Ende mit uns nehmen wird?

DIDEROT Was liegt daran! Sehen Sie, das unsichtbare Würmchen, das sich im Schlamm regt, ist vielleicht auf dem Wege, die Herrschaft über die Erde anzutreten; das riesige Tier, das uns durch seine Größe erschreckt, ist vielleicht auf dem Weg zum Wurmzustand. Wir sind alle nur ein besonderes und vorübergehendes Produkt dieses Planeten.

DER BESUCHER Das hört sich sehr scharfsinnig an, aber ich glaube Ihnen kein Wort.

DIDEROT Nein?

DER BESUCHER Sie spielen den Abgebrühten, den Zyniker, aber in Wirklichkeit sind Sie ein Menschenfreund.

DIDEROT Wie kommen Sie auf diese Idee?

DER BESUCHER Niemand klopft umsonst an Ihre Tür. Die Witwe, der Schauspieler, der Flüchtling, nicht zu vergessen der junge Dichter . . .

DIDEROT Sie haben recht, ich zerstreue mich, ich lasse mich ablenken, ich zersplittere meine Kräfte . . .

DER BESUCHER Und Sie helfen jedem, sogar dem Ameisenlöwen, der Sie, wie ich, zu seinem Opfer macht.

DIDEROT Und wer sagt Ihnen, daß ich dabei nicht mehr Unheil als Nutzen stifte? Menschenfreund, Menschenfeind – das sind armselige Worte. Die Natur ist viel mannigfacher in ihrem Wirken, als solche Begriffe uns vermuten lassen. Die Einbildungskraft eines Dichters kann nichts ausbrüten, was sonderbarer wäre. Ich will Ihnen eine Geschichte erzählen, wenn Sie es nicht zu eilig haben.

DER BESUCHER Oh, ich habe Zeit.

DIDEROT Einer der wunderbarsten unter meinen Besuchern ist ein gewisser Gousse. Er verlangt weder Rat noch Hilfe von mir, er kommt nur, um sich und mir die Zeit zu vertreiben. *Veränderte Stimme.* Sind Sie es, Herr Gousse? – Was bleibt mir anderes übrig? – Sie sind heute recht elegant, aber warum tragen Sie unter Ihrem sauberen Rock ein so schmutziges Hemd? – Ich habe kein anderes. – Das ist schlecht. – So schlecht und so gut wie der Umstand, daß ich nur einen Körper habe. – Wie befindet sich Ihre Frau? – Wie es ihr gefällt; das ist ihre Sache. – Und Ihre Kinder? – Vortrefflich. – Und Ihr Sohn, der so lebhaft ist? – Besser als seine Geschwister, er ist tot. – Das tut mir leid. – Warum sollte es Ihnen leid tun? – Unterrichten Sie Ihre Kinder selber? – Nein, Herr Diderot. – Aber sie müssen doch lesen und schreiben lernen, dazu den Katechismus. – Weder Lesen noch Schreiben, geschweige denn den Katechismus. – Warum nicht? – Haben sie Verstand, werden sie es machen wie ich, den man auch nichts gelehrt hat; sind sie dumm, wäre es verlorene Mühe, ihnen etwas beizubringen. –

DER BESUCHER Ihr Herr Gousse scheint ein rechtes Original zu sein.

DIDEROT Ja, aber das Beste kommt noch. Er hat eine recht eigene Moralität, müssen Sie wissen. Wenn Sie seine Dienste in Anspruch nehmen wollen, sagen Sie ihm Ihr Anliegen, bitten Sie ihn, er möge Ihnen zwanzig Meilen weit folgen. Dann zeigen Sie ihm die Arbeit, die er ausführen soll, und wenn er damit fertig ist, schicken Sie ihn wieder fort, ohne ihm einen Heller zu geben. Er wird sich ganz zufrieden auf den Weg machen.

DER BESUCHER Das glaube ich kaum.

DIDEROT Sie kennen ihn nicht! Eine Zeitlang hat er, zusammen mit einem Kumpan namens Prémonval, eine öffentliche Schule gehalten. Die beiden verdienten sich damit ihr Brot. Unter den Schülern und Schülerinnen, die sich bei ihnen einfanden, war auch ein junges Mädchen, die Mamsell Pigeon, Tochter eines berühmten Instrumentenmachers. Des Morgens begab sich also die Mamsell Pigeon, das Heft unter dem Arm und das Reißzeug im Muff, in diese Schule. Der Herr Prémonval sah diese hübsche Schülerin und verliebte sich in sie. Unter den mathematischen Aufgaben kam auch die Multiplikation vor, wobei Mamsell Pigeon schwanger wurde. Die Lage der Verliebten wurde äußerst kritisch, denn der Vater Pigeon war nicht der Mann, sich mit einem solchen Rechenexempel zufriedenzugeben. Sie hatten keinen Pfennig und wußten nicht, was sie tun sollten. Da nahmen sie ihre Zuflucht zu Freund Gousse. Dieser, ohne ein Wort zu sagen, verkaufte alles, was er hatte, Wäsche, Kleider, Instrumente, Möbel, Bücher, mietete eine Postchaise, setzte das verliebte Paar hinein und begleitete sie als Kurier bis jenseits der Alpen. Hier gab er ihnen, was er an barem Geld noch übrig hatte, umarmte sie, wünschte ihnen eine glückliche Reise und bettelte sich zu Fuß bis nach Lyon zurück. Dort verdiente er sich damit, daß er die

Wände eines Mönchsklosters anstrich, soviel, daß er, ohne weiter zu betteln, Paris wieder erreichen konnte.

DER BESUCHER Ein Menschenfreund.

DIDEROT Nach dieser schönen Tat werden Sie meinem Gousse eine große moralische Kraft zutrauen. Aber Sie irren sich! Er hatte nicht soviel davon, wie in einen Fingerhut geht. Die kostbaren Bücher, die er mir schenkte...

DER BESUCHER Wie kam er dazu, Ihnen Bücher zu schenken?

DIDEROT Ich brauchte dringend ein seltenes Buch und konnte es nirgends finden. Ich erzählte ihm davon, als er wieder einmal zu mir heraufkam. Drei Tage später brachte er es vorbei. Ich war froh, fragte nicht lange danach, wo er es aufgetrieben hatte, dankte ihm und bat ihn, mir seinen Preis zu nennen. Er wollte nichts davon hören. Wenn Sie wieder einmal etwas brauchen, sagte er, geben Sie mir Bescheid. Tatsächlich nahm ich seine Hilfe noch ein zweites Mal in Anspruch. Als er wieder kein Geld nehmen wollte, war ich ihm beinahe böse. Es ist ja so bequem, einen solchen Lieferanten zu haben. Eines Tages war ich derart in der Klemme, daß ich ihn bat, mir ein drittes Buch zu besorgen. – Wie schade, gab er zur Antwort, ich kann es Ihnen nicht beschaffen, der Doktor Lejeune von der Sorbonne ist vorgestern gestorben. – Was hat der Tod des Herrn Lejeune mit dem Buch zu tun, das ich suche? – Er gab keine Antwort. – Sie haben diese seltenen Bücher aus seiner Bibliothek gestohlen, rief ich. – Ich habe sie nur von einem Ort, wo sie müßig standen, an einen anderen versetzt, wo man guten Gebrauch von ihnen macht.

DER BESUCHER Sie finden das verwerflich?

DIDEROT Was sagen Sie dazu?

DER BESUCHER Vielleicht hat Gousse ganz recht getan. Nur Ihre Handlungsweise kommt mir etwas bedenklich vor. Sie lassen sich von einem armen Schlucker kostbare Bücher schenken und scheren sich einen Teufel darum, wo er sie herhat.

DIDEROT Das ist wahr. Aber hören Sie, wie es weiterging. Ich hatte ihm ein paar kleinere Arbeiten anvertraut. Als er damit fertig war, stellte ich ihm eine Anweisung über 80 Livres auf meine Bank aus. Die Summe war in Zahlen geschrieben. Was tat Freund Gousse? Es setzte eine Null dahinter und ließ sich 800 Livres auszahlen.

DER BESUCHER Ein Scheckbetrüger! Ein Urkundenfälscher!

DIDEROT Er bestiehlt mich, aber heißt das, daß er ein Schuft ist? Er opfert sich für seine Freunde auf, aber heißt das, er ist ein Wohltäter der Menschheit? Ist er gut, ist er böse? Die Antwort ist vermutlich, keins von beiden. Er ist ein Original, das die Natur in einer ihrer tollen Launen hervorgebracht hat. Was wollen Sie, mein Lieber, die Natur hat nun einmal keine moralischen Grundsätze. – Aber wozu erzähle ich Ihnen das alles? Wo waren wir stehengeblieben?

DER BESUCHER Nun, Sie sprachen von den Parasiten, Sie deuteten an, daß es mit unserer Zukunft nicht zum Besten bestellt sei, und von der Rolle eines Menschenfreundes wollten Sie partout nichts wissen. Ich muß gestehen, ich bin überrascht, um nicht zu sagen enttäuscht. Ich hätte nicht gedacht, daß Sie so skeptisch urteilen. Man hält Sie nämlich bei uns für einen Optimisten, der fest davon überzeugt ist, daß die Vervollkommnung des Menschengeschlechts nur eine Frage der Zeit sein kann. Man sieht in Ihnen einen Mann des Fortschritts und der Vernunft, mit einem Wort, einen Aufklärer.

DIDEROT Ich weiß nicht, was Sie damit sagen wollen.

DER BESUCHER Man nennt das ganze Jahrhundert nach Ihnen und Ihren Freunden, »*le siècle des lumières*«.

DIDEROT Meine Freunde? Wen meinen Sie damit?

DER BESUCHER Nun, die Philosophen natürlich. Voltaire, Rousseau, Helvétius, d'Alembert...

DIDEROT Schöne Freunde! D'Alembert schmollt, schimpft, zieht sich zurück. Er klagt über die schlechte Bezahlung, und er hat recht; die Herren Verleger sind allesamt große Gauner, und Le Breton ist der Allerschlimmste. Wenn die verdammte Enzyklopädie jemals fertig wird, woran ich zu zweifeln alle Ursache habe, wird er zwei Millionen daran verdient haben.

DER BESUCHER Und Sie?

DIDEROT Wenn es hoch kommt, zwanzigtausend Francs. Aber darum geht es nicht. D'Alembert will keinen Ärger haben, deshalb läßt er mich im Stich. Was Helvétius betrifft, sein Buch heißt zwar *De l'ésprit*, ist aber eine schrecklich langweilige und dürre Scharteke. Das Beste daran sind seine wütenden Attacken gegen den Frondienst der Bauern, gegen den Klerus, der sich den Bauch vollschlägt, und gegen die Kolonialwirtschaft. Ich will seine Verdienste nicht bestreiten. »Keine Ladung Zucker trifft in Europa ein, die nicht von Menschenblut gefärbt wäre.« Solche Sätze liest man in Frankreich selten. In diesen Dingen weiß Helvétius Bescheid. Vergessen Sie nicht, er war Generalsteuerpächter, und das heißt, er ist Millionär. Aber kaum hatte er sein Buch veröffentlicht – übrigens mit Genehmigung der Zensur –, da war die Hölle los. Das ist ein Anschlag auf die staatliche Ordnung, auf die geheiligten Grundsätze der Religion und der Monarchie! Das war natürlich Unsinn; die einzigen, die das Buch zu Ende gelesen hatten, waren die Hüter eben dieser Ordnung, und sie sorgten dafür, daß es verboten, verbrannt und berühmt wurde. Die Geschichte ging für den Autor recht glimpflich aus. Einen Herrn mit 200000 Francs Rente und mit guten Beziehungen zum Hofe sperrt man nicht ein. Er verliert seine Hofcharge, das ist alles. Aber was glauben Sie, was der gute Helvétius tat? Er kroch zu Kreuze und leistete öffentlich Abbitte für seine Verfehlungen.

DER BESUCHER Rousseau hätte das nie getan.

DIDEROT Schweigen wir von diesem Hysteriker. Er hat mich

lange genug gequält mit seinem Verfolgungswahn, seiner Rachsucht, seiner Heuchelei, seinen Intrigen. Schwamm drüber!

DER BESUCHER Und Voltaire?

DIDEROT Das ist etwas anderes! Ich bewundere ihn, denn er ist ein Stratege ersten Ranges. Sie wissen ja, wie er sich eingerichtet hat. Le Délices, Ferney, Malepartus, immer schön an der Schweizer Grenze. »Ein Philosoph muß zwei oder drei Schlupflöcher haben, um sich der Hunde zu erwehren, die hinter ihm her sind.« Außerdem ist Voltaire der Ansicht, daß man Geld haben muß, um unabhängig zu sein. Seine Honorare sind in Europa einzigartig, außerdem besitzt er Landgüter, Immobilien, ja ganze Dörfer. Seine Spekulationen sind bewundernswert. Neuerdings hat er sich sogar um die Industrie verdient gemacht.

DER BESUCHER Voltaire als Fabrikant?

DIDEROT Ja, er hat eine Uhrenfabrik gegründet, und er versteht es, seine Erzeugnisse in ganz Europa anzupreisen. Mit einem Wort, er hat, genau wie ich, alle Hände voll zu tun. Er lobt mich, aber meine Bedürfnislosigkeit geht ihm auf die Nerven. Sie machen sich lächerlich, schrieb er mir kürzlich, und außerdem verderben Sie die Preise mit Ihren Bettelhonoraren. Ich denke nicht daran, für Ihren Le Breton zu arbeiten. Soll er seine Enzyklopädie selber schreiben, dieser Lumpenhund von einem Verleger. Solche Leute haben bei uns, den Autoren, im Vorzimmer zu warten. – Aber wie Sie sehen, habe ich gar kein Vorzimmer. Sie sollten ihm Ihren Automaten zeigen, Ihre Hör- und Sprechmaschine. Er wäre begeistert, und ich bin sicher, er würde Millionen damit verdienen ... Da haben Sie unsere Philosphen, mein Freund. Sie müssen zugeben, daß wir eine recht seltsame Menagerie abgeben!

DER BESUCHER Und doch werden sich künftige Geschlechter auf Sie und Ihre Freunde berufen, denn das Licht, das Sie der Menschheit aufgesteckt haben, ist nicht mehr zu löschen. Sie haben den Dogmen der Vergangenheit einen tödlichen Schlag versetzt, und Ihre Nachfolger werden vollenden, was Sie begonnen haben, das Gebäude des Glaubens zum Einsturz bringen und die Vernunft auf den Thron setzen.

DIDEROT Viel Vergnügen! Nur weil es uns gelungen ist, den einen oder anderen Schleier zu lüften, ein paar der gröbsten Dummheiten zu blamieren... Glauben Sie im Ernst daran, daß es möglich ist, der Vernunft zur Herrschaft zu verhelfen? Sie vergessen, daß wir Geschöpfe sind, die sich von ihren Leidenschaften treiben lassen, und daß dem Unsinn, wie der Hydra, für jeden Kopf, den man ihm abschlägt, hundert neue wachsen.

DER BESUCHER Das klingt nicht sehr zuversichtlich.

DIDEROT Aber wieso denn? Es bedeutet nur, daß wir uns nie langweilen werden, und daß wir nicht zu sorgen haben, unseren Kindern und Kindeskindern könnte es an Nüssen fehlen, die sie zu knacken haben.

DER BESUCHER Wenn nicht einmal Sie, Herr Diderot, die Aufklärung zu verteidigen wissen... wer soll es dann tun?

DIDEROT Sie mit Ihrer Aufklärung! Ich versuche, mich meiner Vernunft zu bedienen, und ich fürchte mich nicht vor den Problemen, die sie zutage fördert. Aber ist das ein Grund, sich auf die Schenkel zu patschen und sich einzubilden, man hätte sämtliche Welträtsel gelöst? Das war nie meine Sache. Mir scheint, Sie wollen mich als eine Art Luzifer hinstellen, als einen Erzengel der Philosophie. Ich lege keinen Wert auf diesen Titel. Im übrigen bedenken Sie bitte, daß das Licht, welches Sie in eine Sache bringen, immer auch einen Schatten wirft. Um ein für allemal auszumitteln, wie die Welt beschaffen ist, müßten wir uns selber kennen.

DER BESUCHER Dazu haben Sie Ihren Teil beigetragen.

DIDEROT Meinetwegen. Vielleicht. Ein Stück weit. Aber nicht

ganz! Und auf den Rest kommt es an, auf den Rest, der dunkel bleibt ... Sehen Sie, wir können unsere eigene Sprache in unserer eigenen Sprache beschreiben, aber nicht ganz. Wir können unser eigenes Gehirn mit unserm eigenen Gehirn durchforschen, aber nicht ganz. Das ist eine logische Unmöglichkeit, so als wollte sich einer an den eigenen Haaren in die Höhe ziehen ... Und doch versuchen wir es immer wieder ... Vielleicht gelingt es uns das nächste Mal ... Und wenn es nur ein Stückchen weit wäre, ein paar Zoll hoch ... Haben Sie es noch nie probiert?

DER BESUCHER Nein.

DIDEROT Dann sind Sie der Vernünftigere von uns beiden.

DER BESUCHER Das sollte mich wundern.

DIDEROT Ein Schriftsteller, der einen kühleren Kopf hätte als ich, würde sich damit begnügen, alle Tage ein paar Verse, alle Jahre eine Tragödie zu Papier zu bringen und im übrigen alles beim alten zu lassen. Wer sich in die Händel der politischen Welt begibt, ist selber schuld, und er darf sich nicht beklagen, wenn er dabei ein paar Fußtritte abbekommt. Sie kommen aus Deutschland, nicht wahr?

DER BESUCHER Ja.

DIDEROT Ihr Französisch ist ausgezeichnet, und doch hat Sie Ihr Akzent verraten. Ich schätze die Deutschen sehr.

DER BESUCHER Oh, das beruht auf Gegenseitigkeit.

DIDEROT Mein Freund Meister hat mir von einem ganz vortrefflichen Autor erzählt, der an einem kleinen Hof in Deutschland wichtige Ämter bekleidet.

DER BESUCHER Sie meinen gewiß den Herrn von Goethe.

DIDEROT Ja.

DER BESUCHER Den Verfasser des berühmten Romans *Die Leiden des jungen Werther.*

DIDEROT Eben den. Wissen Sie, was er einem jungen Menschen gesagt haben soll, der zu ihm kam, um seine Protektion für ein neues politisches Journal zu erbitten? Ich habe mir seine Antwort irgendwo notiert. *Er sucht in seinen Papieren.* Hier ist sie schon: »Ich möchte Ihnen das ganze Unternehmen widerraten und Sie auffordern, bei Ihren gelehrten Arbeiten zu bleiben, die Welt ihren Gang gehen zu lassen und sich nicht in die Zwiste der Könige zu mischen, in welchen doch niemals auf Ihre und meine Stimme gehört wird. Sie werden alles gegen sich haben, was groß und vornehm auf der Welt ist, denn Sie werden die Hütten vertreten gegen die Paläste und die Sache der Schwachen führen gegen die Hand der Starken. Aber mit den Mächtigen und Großen ist nicht gut Kirschen essen. Auch möchte ich unserm fürstlichen Hause keine Unannehmlichkeiten bereiten; ich möchte unser Gouvernement in keine verdrießlichen Verhandlungen verwickelt sehen; ich denke endlich, warum soll ich es nicht sagen, auch an meine Ruhe und an Ihr Wohl.«

DER BESUCHER Und warum zitieren Sie eine Ansicht, die Sie nie und nimmer zu der Ihrigen machen würden?

DIDEROT Ihr Herr von Goethe ist ein außerordentlich vernünftiger Mann.

DER BESUCHER Sie machen sich lustig über ihn, und über mich. Jedermann weiß, daß Sie Ihren Ruf nicht zuletzt Ihrem politischen Engagement verdanken.

DIDEROT Was verstehen Sie darunter?

DER BESUCHER Da fragen Sie noch? *Engagement* ist doch ein französisches Wort.

DIDEROT Es bedeutet soviel wie ein Unterpfand, ein Handgeld, ein Versprechen, ein Sich-Verdingen, eine Dienstzeit beim Militär oder ein Handgemenge. Wie Sie wissen, habe ich für das Militär wenig übrig; ich verdinge mich nicht gern und nehme keine Handgelder.

DER BESUCHER Sie wissen genau, was ich meine. Sie sind ein Schriftsteller, der es nicht mitansehen kann, wie das Volk von seinen Peinigern mißhandelt wird, ein Mann, der für die Rechte der unterworfenen Nationen eintritt und der, mit den Worten unseres Geheimen Rates, die Sache der Schwachen führt gegen die Hand der Starken. Und wenn es eines Tages zum Umsturz kommt, wenn die Unterdrückten sich erheben und die Könige von ihren Thronen gestoßen werden, dann, Herr Diderot, wird das nicht zuletzt Ihre Schuld und Ihr Verdienst sein.

DIDEROT Glauben Sie wirklich?

DER BESUCHER Natürlich: Wenn es dazu kommt, muß irgend jemand den Menschen einen Floh ins Ohr gesetzt haben. Es gibt keine Wirkung ohne Ursache. Es genügt nicht, daß es den Leuten schlechtgeht; sie müssen begreifen, daß es auch anders sein könnte. Das aber ist es, was Leute wie Sie verkünden.

DIDEROT Niemand hört auf mich, außer dem Baron Grimm, dem Baron Holbach und ein paar anderen sehr eleganten Leuten, von denen niemand behaupten kann, daß sie im Elend leben. Wissen Sie, was ein Exemplar der *Encyclopédie* kostet? An die tausend Francs. Sie glauben doch nicht im Ernst, die geschundenen Bauern in der Auvergne oder die Indianer in den Kolonien nähmen sich unsere Abhandlungen zu Herzen?

DER BESUCHER Warum schikaniert man Sie dann, warum verbietet man Ihre Schriften? Wenn ich nicht falsch unterrichtet bin, hat man Sie sogar gefangengesetzt, in den Turm von Vincennes, bei Wasser und Brot.

DIDEROT Das ist wahr. Es ist zwar schon über zwanzig Jahre her, aber ich denke ungern daran zurück. Ich glaube nämlich, daß ich mich damals weniger standhaft gezeigt habe als meine Vorbilder aus der Antike, die Stoiker. Aber wir wollen nicht übertreiben! Ich bekam ein Zimmer mit Bett, ich durfte Besuche empfangen, und von Wasser und Brot kann gar keine Rede sein – ich habe dort nicht übel gespeist. In den drei Monaten, die ich im Gefängnis zubrachte, habe ich in aller Ruhe meine nächste Schrift verfaßt. Nein, nein, mein Lieber, einen Helden können Sie nicht aus mir machen.

DER BESUCHER Aber Sie sind bei Ihren Überzeugungen geblieben, ein unverbesserlicher Feind der herrschenden Ordnung.

DIDEROT Wie kommen Sie zu einer solchen Behauptung?

DER BESUCHER Sie werden doch nicht leugnen wollen, daß Sie, ganz abgesehen von der Enzyklopädie, an der *Politischen Geschichte beider Indien* des Abbé Raynal mitgewirkt haben, wenn auch anonym; und es ist unbestreitbar, daß es sich dabei um eine subversive, um nicht zu sagen hochverräterische Schrift handelt.

DIDEROT Sie sind sehr wohlinformiert, mein Herr. Verdächtig wohlinformiert.

DER BESUCHER So etwas spricht sich herum. Soll ich Ihnen die berüchtigten Verse aus Ihrem Gedicht *Die Eleutheromanen* zitieren?

DIDEROT Ein Karnevalsscherz.

DER BESUCHER »*Et ses mains ourdiraient les entrailles du prêtre*
Au défaut d'un cordon pour étrangler les rois.«
»Wenn er auf die Stimme seines Herzens hört, wird der Mensch aus den Gedärmen der Pfaffen einen Strick drehen, um die Könige damit zu erwürgen.« – Was haben Sie dazu zu sagen? Ist das harmlos?

DIDEROT Was sind Sie eigentlich? Ein Journalist oder ein Staatsanwalt? Glauben Sie ja nicht, daß ich mich von Ihnen einschüchtern oder erpressen lasse! *Pause.* Also gut. Sie haben recht. Ich lasse mich immer wieder hinreißen. Wundert Sie das? Schauen Sie sich doch einmal um, in Paris oder Berlin, das bleibt sich gleich. Ein jämmerlicher Zustand! Wir werden von Idioten regiert, die nicht imstande sind, zu lernen. Und da soll man ruhig bleiben? Mich packt jedesmal die Wut, wenn ich diese Herrschaften sehe. Kurzum, ich bin nicht so klug, wie Sie vermuten. Ich bin ein Spielball meiner Leidenschaften.

DER BESUCHER Sie sind ein Revolutionär.

DIDEROT Ein Revolutionär, ein Bücherwurm, ein Spieler, und zu allem Überfluß bin ich auch noch ein braver Familienvater. Manchmal kann ich nachts nicht einschlafen, weil ich mir Sorgen wegen der Mitgift meiner Tochter mache. Man hält mich für einen Libertin, man sagt mir alle möglichen Abenteuer nach, aber ich halte nicht nach Kurtisanen Ausschau, sondern nach einem gutsituierten, treuen, ehrbaren Schwiegersohn. Wenn ich die Kaiserin Katharina nicht hätte ...

DER BESUCHER Die Zarin? Was haben Sie mit der Selbstherrscherin von Rußland zu schaffen?

DIDEROT Ah! Das wissen Sie nicht. Sie ist meine Gönnerin.

DER BESUCHER Sie haben sich mit der russischen Despotie eingelassen?

DIDEROT Despotie? Als meine lieben Landsleute versuchten, meinem großen Projekt, der Enzyklopädie, die Kehle zuzudrücken, wissen Sie, was mir die Kaiserin sagen ließ? Sie bot mir an, das Werk in Rußland erscheinen zu lassen.

DER BESUCHER Sie haben abgelehnt.

DIDEROT Ich bin ein vorsichtiger Mensch. Aber Sie können sich denken, daß dieses Angebot in Paris Eindruck gemacht hat. Außerdem ... Ich ersticke in Büchern. Nicht nur hier bedecken sie alle Wände, auch mein Dachboden ist voll von diesem Zeug.

DER BESUCHER Eine fabelhafte Bibliothek.

DIDEROT Sie gehört mir nicht. Sie gehört der Kaiserin. Sie hat mir 15 000 Livres dafür bezahlt.

DER BESUCHER Und warum stehen die Bücher nicht in St. Petersburg?

DIDEROT Die Bedingung war, daß mir die Bibliothek zur Verfügung stehen soll, solange ich lebe. Ich beziehe sogar ein Gehalt als Bibliothekar Ihrer Majestät.

DER BESUCHER Sehr großzügig.

DIDEROT Sie lädt mich ein. Sie will mir eine Kutsche schicken, Kuriere, einen Reisemarschall. Ich soll sie bei den Reformen beraten, die sie plant, ich soll das Schulwesen organisieren, Universitäten gründen ...

DER BESUCHER Wann werden Sie fahren?

DIDEROT Ich schiebe diese Reise auf, solange es geht, obwohl die Einladung der Zarin meine Eitelkeit kitzelt, obwohl es verführerisch ist, ein ganzes Reich der Finsternis zu entreißen.

DER BESUCHER Weil Sie der Macht mißtrauen.

DIDEROT Weil ich ahne, daß das Ganze mit einem Fiasko enden wird.

DER BESUCHER Sie sind auf der Hut.

DIDEROT Manchmal habe ich das alles satt. Meine besten Arbeiten habe ich nie drucken lassen. Ich lege keinen Wert mehr darauf, daß man mich lobt, daß man mich beschimpft, daß man von mir spricht. Wenn Sie wüßten, was in meinen Schubladen schlummert! Ein paar schöne Überraschungen. Mir gefällt der Gedanke, daß diese Minen erst springen werden, wenn ich tot bin.

DER BESUCHER *Rameaus Neffe, Jakob und sein Herr, Die Nonne* ...

DIDEROT Sie haben davon gehört? Vor Ihnen sollte ich auf der Hut sein! Sie sprechen wie ein Spion.

DER BESUCHER Ich spreche wie Ihre Freunde. Sie wissen doch, daß Grimm kein Geheimnis für sich behalten kann. Seine *Literarische Korrespondenz* wird überall gelesen, nicht nur in Sankt Petersburg ...

DIDEROT Ganze zwanzig Exemplare, die immer nur handschriftlich an einen sehr exklusiven Leserkreis gehen ...

DER BESUCHER Nicht nur in Sankt Petersburg, auch in

Deutschland. Man spricht viel von Ihnen. Der Herr von Goethe zählt zu Ihren Bewunderern. Auch auf dem Theater gilt Ihr Name viel. Der beste Stückeschreiber, den wir haben, Herr Lessing, hat in Berlin Ihre dramaturgischen Schriften übersetzt. Sie unterschätzen Ihre Wirkung, Herr Diderot.

DIDEROT Oh, sie wird gewaltig sein. Ohne Zweifel.

DER BESUCHER Lachen Sie nur. Die Literatur und das Theater, das ist eine Sache. Die politischen Umwälzungen sind eine andere. Die Revolution ...

DIDEROT Ach ja, die Revolution! Fast hätten wir sie vergessen. Mir scheint, die Revolution ist Ihre fixe Idee.

DER BESUCHER Sie glauben nicht daran, daß man die Aristokraten verjagen und den König köpfen wird?

DIDEROT Ausgeschlossen. Aber selbst wenn es eines Tages dazu käme, glauben Sie, das entfesselte Volk würde meine Schriften lesen, mir einen Lorbeerkranz auf die Stirn drücken und mir eine Pension aussetzen? Die Leute wären viel zu sehr damit beschäftigt, die schöne Stadt Paris an allen Ecken anzuzünden und ein Blutbad anzurichten. Die Herrschaften, bei denen ich diniere, kämen als erste an die Reihe. Sie bilden sich doch nicht etwa ein, daß es bei einer Revolution vernünftig zuginge? Die Leidenschaften, mein lieber Freund, die Leidenschaften! Der Neid, der Haß, die Wut, die Gier, die Rachsucht ... Vielleicht ist das alles unvermeidlich, aber ich gestehe Ihnen aufrichtig, daß ich keine Lust habe, mich aufknüpfen zu lassen, oder andere aufzuknüpfen.

DER BESUCHER Und doch werden Sie nicht müde, einzugreifen, Ihren Zeitgenossen Vorhaltungen zu machen, der Menschheit aufzuhelfen.

DIDEROT Ja, das ist nun einmal mein Laster. Und ich sehe voraus, daß es meine Nachfolger noch weit schlimmer treiben werden. Ich prophezeie Ihnen, eines Tages wird es in Europa von Helfern nur so wimmeln. Jeder wird sich berufen fühlen, gegen die Mißstände der politischen und moralischen Welt anzutreten und, wie Sie es nennen, der Menschheit aufzuhelfen ... Wohin man blickt, wird man Scharen von Philanthropen, Pädagogen, Vormündern, Treuhändern antreffen, die alle nur das Beste wollen ... Aber wer soll dann den Helfern helfen, wer wird die Erzieher erziehen und die Ärzte heilen? Wer soll die Beleuchter – wie sagten Sie vorhin? die Lichtbringer?

DER BESUCHER Die Aufklärer ...

DIDEROT Ganz recht. Wer soll die Aufklärer aufklären?

DER BESUCHER Ausgerechnet jetzt geht mein Band zu Ende.

DIDEROT Ihr Band?

DER BESUCHER Meine Maschine wird müde.

DIDEROT Und alles, was wir gesagt haben, verschwindet?

DER BESUCHER Durchaus nicht.

DIDEROT Es bleibt? Wie lange bleibt es?

DER BESUCHER Wir können es löschen, wir können es aber auch behalten. Eine kleine Ewigkeit lang, wenn es sein muß.

DIDEROT Schrecklicher Gedanke!

DER BESUCHER Warum?

DIDEROT Ein Gedächtnis, das nicht imstande wäre, zu vergessen! Ich wünschte, Sie würden alles, was ich gesagt habe, löschen.

DER BESUCHER Auf keinen Fall.

DIDEROT Aber wer wird auf diesen Unsinn hören?

DER BESUCHER Wer weiß? Ihre Enkel vielleicht, Ihre Urenkel ... Warum sollten die zukünftigen Menschen weniger neugierig sein als Sie, Herr Diderot?

DIDEROT Ob sie auf uns hören werden?

DER BESUCHER Versuchen Sie es.

DIDEROT Ach, die Nachwelt ist auch nur eine Chimäre ... Aber meinetwegen, probieren wir es. *Veränderter Tonfall.* Nachwelt, hörst du mich? Hier spricht Denis Diderot, der

Philosoph. Ihr, die ihr noch nicht geboren seid, haltet euch die Ohren zu! Ihr verschwendet eure Zeit mit mir ... *Normaler Ton.* Wie spät ist es? Halb zehn. Um Gotteswillen. Madame Geoffrin. Mein Diner! Nun, ich werde der ganzen Tischgesellschaft von Ihrem Besuch erzählen, und man wird sagen: Typisch Diderot. Er lügt, aber wir wollen so tun, als glaubten wir an seine Märchen. Er ist ein Taschenspieler, aber er vertreibt uns die Zeit ... Ja, wenn ich Ihren Automaten hätte ... Das wäre ein Beweis. Ich ließe den Automaten sprechen und könnte in aller Ruhe speisen. Nicht wahr, Herr Journalist? *Pause.* Wo ist er hin? *Pause. Selbstgespräch.* Verschwindet einfach, ohne sich zu verabschieden. Komischer Kerl. Verdächtig. Aufklärung! Vernunft! Ein Klavier, das Empfindungsvermögen und Gedächtnis besitzt! So ein Unsinn. Ein Wunder, daß man mich noch nicht eingesperrt hat. Schluß mit diesen Träumereien. Madame Geoffrin erwartet mich. *Geräusche. Pause.* Ah! Er hat seine Maschine vergessen. *Er drückt auf einen Knopf. Rücklauf. Neuer Knopf. Wiedergabe. Stimme vom Band.* Schluß mit diesen Träumereien. Madame Geoffrin erwartet mich. *Geräusche. Pause.* Ah! Er hat seine Maschine vergessen. *Pause. Leerband. Das Gerät schaltet sich aus.* Schluß. *Er hantiert an dem Tonbandgerät.* Aha! So geht es auf ... Wo ist die andere Schachtel? ... Die hier ... Moment! ... Jetzt den anderen Knopf ... So! ... *Neue Schaltgeräusche. Musik. Die Gigue von J. S. Bach beginnt dort, wo sie unterbrochen wurde. Nach einer halben Minute Schaltgeräusch. Die Musik endet abrupt.* So eine Katzenmusik!

Nachbemerkung

Das erdachte Interview mit Diderot kann sich auf eine Vielzahl von Quellen berufen, vor allem natürlich auf die Schriften des Ausgefragten: den Roman *Jacques le fataliste*, den Dialog *Le neveu de Rameau* und das *Entretien entre d'Alembert et Diderot*. Der Kenner wird auch Zitate aus gewissen Artikeln der *Encyclopédie* und aus den *Mémoires pour servir à l'histoire de la vie et des ouvrages de Diderot* von Madame de Vandeul, der Tochter des Schriftstellers, finden.

Ferner greift der Verfasser des Interviews auf zwei weniger bekannte Texte zurück, um deren Verbreitung in Deutschland er sich bemüht hat: die *Histoire philosophique et politique des établissements et du commerce des Européens dans les deux Indes* von Guillaume Raynal und Denis Diderot (deutsch unter dem Titel *Die Geschichte beider Indien*, ausgewählt und erläutert von Hans-Jürgen Lüsebrink. Nördlingen [Die Andere Bibliothek] 1988) und die *Lettres à Sophie Volland* (deutsch unter dem Titel *Briefe an Sophie*, aus dem Französischen von Gudrun Hohl. Frankfurt am Main [Die Andere Bibliothek] 1989). Auch vor Selbstzitaten schreckt er nicht zurück: gewisse Passagen stammen aus der Komödie *Der Menschenfreund* (Frankfurt am Main 1984), die ihrerseits auf einem Theaterstück Diderots beruht: *Est-il bon, est-il méchant?*

Goethes Rat an den Herausgeber einer neuen Zeitschrift ist in diesem Zusammenhang natürlich ein Anachronismus. Er stammt aus dem Jahre 1813 und richtet sich an Heinrich Luden; damals war Diderot leider schon seit neunundzwanzig Jahren tot.

Im übrigen sollen diese Hinweise nicht von der Tatsache ablenken, daß ich meinem Helden vieles in den Mund gelegt habe, was ich ihm zwar zutraue, aber nicht zuschreiben kann.

Fünf Unterhaltungen
über *Jacques le fataliste*

I
Ein bißchen Topologie

DER EINE Ein Meisterwerk nennen Sie das? Nun, ich finde, es ist ein einziger Gallimathias, ein ungeheuerliches Quodlibet, was uns Diderot da zumutet.

DER ANDERE Ich sehe, Sie haben das Buch verstanden, aber nur halb. Denn wie jedes ungewöhnliche Werk ist es in der Tat eine Zumutung für das Hasenherz des Lesers, dem nichts über seinen kongnitiven Komfort geht. Wissen Sie, was Goethe darüber gesagt hat? »Eine sehr köstliche und große Mahlzeit mit großem Verstand für das Maul eines einzigen Abgottes zugerichtet und aufgetischt. Ich habe mich an den Platz dieses Bel's [Baals] gesetzt und in sechs ununterbrochenen Stunden alle Gerichte und Einschübeschüsseln in der Ordnung und nach der Intention dieses künstlichen Koches und Tafeldeckers verschlungen ... Wer an [Diderot] oder seinen Sachen mäkelt, ist ein Philister, und deren sind Legionen.«

DER EINE Mit Ihrem Goethe können Sie mir gar nicht imponieren. Meinetwegen nennen Sie mich einen Philister ...

DER ANDERE Oder einen Pedanten. Denen sagt man nach, sie sähen den Wald vor lauter Bäumen nicht. Nun, Sie leiden unter der umgekehrten Schwäche. Sie sehen vor dem scheinbaren Wildwuchs, der da sprießt, den Wald nicht. Denn die Kunst, mit welcher der Autor diese unfaßbare Menge von Geschichten, philosophischen Überlegungen, Anekdoten, Einfällen, Sottisen und subversiven Ideen zu einem Ganzen bündelt, ist Ihnen offenbar entgangen.

DER EINE Nur weil ich Ihre Begeisterung nicht so recht zu teilen vermag ...

DER ANDERE Übrigens kommen Sie selber in dem Buch vor.

DER EINE Das ist mir neu.

DER ANDERE Der Autor spricht auf Schritt und Tritt mit Ihnen, dem Leser. Dem ungeduldigen, lästigen, kritischen Leser, der sich fragt, worauf Diderot hinauswill.

DER EINE Fragt sich nur, wer da wem auf die Nerven geht, der Leser dem Autor, oder umgekehrt...

DER ANDERE Sie wehren sich umsonst. Ich werde Sie überzeugen. Denn das, was Ihnen als Wirrwarr erscheint, ist so raffiniert angelegt, daß eine Struktur entsteht, die zwar verwickelt sein mag, aber fugenlos ineinandergreift.

DER EINE Eine starke Behauptung, die Sie mir beweisen müßten.

DER ANDERE Fangen wir mit der russischen Puppe an. Das Prinzip ist ganz einfach. In einer ersten Figur steckt eine zweite, in der zweiten eine dritte, und so weiter. Im Prinzip ist das ein infiniter Regreß, der nur aus praktischen Gründen zum Stillstand kommt, weil die Puppen sonst am Ende unendlich klein gerieten. Wer ist nun die erste Puppe?

DER EINE Vermutlich der Erzähler.

DER ANDERE Aber wer ist das? Wir haben es einerseits mit einer quasi allwissenden, auktorialen Stimme zu tun, der eine zweite ins Wort fällt, nämlich die eines Autors, der sich ungeniert an den Leser wendet. Das ist vermutlich Diderot selber, während der andere keinen Namen hat. Drittens fängt nun aber Jakob an, das Wort zu ergreifen, mit seinen eigenen Geschichten, und so hält es auch sein Herr. Aber damit nicht genug; denn in den Erzählungen der beiden machen sich sofort weitere Erzähler breit, jeder mit seiner eigenen Stimme und seiner (oder ihrer) eigenen Perspektive, und so weiter und so fort...

DER EINE Bis man in diesem Stimmengewirr jede Orientierung verliert.

DER ANDERE Sie vielleicht, aber nicht Diderot. Wenn ich richtig gezählt habe, reden in dem Roman nicht weniger als siebenundneunzig Personen, jede auf ihre eigene Weise und in ihrem eigenen Tonfall.

DER EINE Ihre Statistik läßt mich kalt. Mir scheint, nicht ich bin hier der Pedant, sondern Sie.

DER ANDERE *Touché!* Nun bin ich zwar kein Professor, aber in der gelehrten Welt nennt man so etwas, glaube ich, *close reading*. Und ein solches Vorgehen hat seine Vorzüge, wenn man einem Schriftsteller auf die Schliche kommen will. Jedenfalls haben wir es hier mit mindestens fünf ineinandergeschachtelten Erzählebenen zu tun, aber glauben Sie ja nicht, daß der Verfasser dabei willkürlich vorgeht. Jede Klammer, die er aufmacht, wird irgendwann wieder geschlossen.

DER EINE Wie beruhigend!

DER ANDERE Und nicht nur das. Wissen Sie, was eine Kleinsche Flasche ist?

DER EINE Nein.

DER ANDERE Stellen Sie sich ein Glasgefäß vor, bei dem der Hals in den Bauch der Flasche mündet. Was passiert dann?

DER EINE Keine Ahnung.

DER ANDERE Etwas sehr Merkwürdiges. Man kann nämlich dann die Außen- und die Innenseite der Flasche nicht mehr voneinander unterscheiden. Ein höchst bemerkenswertes topologisches Objekt! Und dasselbe passiert in *Jacques le fataliste*. Es gibt darin mehrere Geschichten, die von einer Erzählebene in die andere münden.

DER EINE Eine Frechheit.

DER ANDERE Ein technisches Virtuosenstück erster Güte. Da greifen alle Teile präzise ineinander, wie in einem fein kalibrierten Uhrwerk.

DER EINE Ihre Begeisterung in Ehren, aber ich fürchte, jetzt geraten Ihnen Ihre Metaphern durcheinander. Puppen, Klammern, Flaschen, und nun sind Sie auch noch bei einem Uhrmacher gelandet.

DER ANDERE Nicht ganz zufällig; denn die Uhr spielt hier eine große Rolle. Jakobs Herr kann ohne sie nicht leben. Übrigens kannte sich unser Autor mit der Technik der Uhrmacher ganz genau aus. Denken Sie nur an die wunderbaren Tafeln zur *Horlogerie* in der *Encyclopédie*. Außerdem fällt mir auf, daß Sie immer nur von der formalen Struktur dieses sonderbaren Romans reden. Der Inhalt scheint Sie weniger zu interessieren.

DER EINE Das sagen Sie!

DER ANDERE Sonst würden Sie meine Uhren-Metapher nicht tadeln. Sie spielt eine ganz eminente Rolle für den philosophischen Gehalt des Romans. Aber das würde zu weit führen. Vielleicht blättern Sie doch noch einmal in dem fatalen Buch? Dann reden wir weiter.

II
Über Willkür und Fatalismus

DER ANDERE Erinnern Sie sich an die Uhr, die Jakobs Herr immer bei sich führt? Das ist kein Zufall. Denn in der theologischen Diskussion war die Rede vom göttlichen Uhrmacher, der alles so sinnreich eingerichtet hat, ja gang und gäbe. Die Deisten haben sich vorgestellt, daß der Schöpfer die Welt am Anfang gewissermaßen aufgezogen hat, um ihr dann freien Lauf zu lassen ... Und damit sind wir schon beim philosophischen Unterfutter des Ganzen. Die Idee geht ja auf Spinoza zurück; dann kamen die Calvinisten mit ihrer Vorliebe für die Prädestinationslehre, und schließlich hat die Wissenschaft des achtzehnten Jahrhunderts solche Vorstellungen auf materialistische Weise radikalisiert. Ihr zufolge funktioniert das Universum deterministisch à la Laplace. Auch auf diese Weise bekäme Jakob recht, wenn er steif und fest behauptet, daß »alles, was uns hienieden an Gutem und Bösem begegnet, ... dort oben geschrieben« steht. Aber wenn dem so ist, wo bleibt dann unsere Willensfreiheit?

Natürlich denkt Diderot nicht daran, sich an die eine oder andere Doktrin zu halten. Er macht sich vielmehr über beide lustig. Denn in seiner Erzählung ist es ja gerade der Fatalist, der fortwährend seine Freiheit in Anspruch nimmt und in den Gang der Dinge eingreift, während sein Herr, der nichts davon hören will, daß alles, was wir tun und lassen, vorbestimmt ist, die Passivität in Person, ja, geradezu »ein Automat« ist. Unser Autor hält also die Diskussion in der Schwebe, er spielt mit ihr, er beharrt auf seiner hypothetischen Erzählweise. »Du siehst, Leser, daß es nur von mir abhinge... Was könnte mich verhindern, den Herrn zu verheirathen und zum Hahnrei zu machen, Jakob nach Indien segeln zu lassen, seinen Herrn ebenfalls dahin zu schikken, und beide dann auf einem und demselben Schiffe nach Frankreich zurück zu führen? Es ist ja so federleicht, Mährchen auszuhecken.« Ein paar Seiten weiter behauptet er: »Es ist klar, daß ich keinen Roman schreibe, weil ich das außer Acht lasse, was ein Romanschreiber zu nutzen gewiß nicht ermangeln würde. Wer es für wahr nimmt, was ich da sage, irrt vielleicht weniger, als wer es für ein Mährchen hält.« Beachten Sie das Wörtchen *vielleicht*!

DER EINE Ein schönes Durcheinander! Er führt mich, den Leser, an der Nase herum.

DER ANDERE Das will ich nicht leugnen. *Tant pis!* Man nennt das Kontingenz. Nehmen Sie nur Jakobs Liebesgeschichte, die sich durch das ganze Buch hinzieht, bis zu einem *happy end*, das reichlich verdächtig ist. Denn der glückliche Schluß ist nur einer von dreien, die er uns anbietet, nicht ohne uns sein »Endurteil« zu versprechen, »wobey ich mir aber voraus bedinge, meine Meinung zurücknehmen zu dürfen, sobald ein Klügerer mir beweist, daß ich mich betrogen habe.«

DER EINE Das ist unfair.

DER ANDERE Das ist noch nicht alles! Denn nun kommt er

ganz ungerührt auf die Grundfrage der Willensfreiheit zurück und sagt: »Hat Jakob nicht hundertmal gesagt: es steht dort oben geschrieben, daß er seine Liebesgeschichte nie endigen sollte? Ich sehe jetzt, Jakob hatte Recht.« Und mit einer letzten Volte wendet sich der Autor an Jakob, seinen Helden, und beschließt sein Buch mit dem Satz: »Also kannst du ruhig schlafen, Freund... Und er schläft.« Diderot amüsiert also sich und uns damit, die großen Fragen der Metaphysik zugleich auszubeuten und zu desavouieren.

DER EINE Das ist schlau, aber kommt es Ihnen nicht auch ein wenig oberflächlich vor?

DER ANDERE Erst beschweren Sie sich darüber, daß ich Ihnen die formale Komplexität des Buches zeige, und vermissen das, was Sie den Inhalt nennen. Dann sind Sie enttäuscht, daß sich dieser Inhalt nicht so leicht auf Flaschen ziehen läßt...

DER EINE Schon wieder diese Flaschen!

DER ANDERE Sie wollen nur nicht einsehen, daß sich der sogenannte Inhalt von den formalen Mitteln gar nicht trennen läßt. Was Ihnen chaotisch vorkommt, gehorcht einem genauen Kalkül. Eben das ist es ja, was die Literatur von der Philosophie unterscheidet: ihr höherer Freiheitsgrad...

DER EINE Ihr Quodlibet.

DER ANDERE Ihre Bescheidenheit, die es ihr und uns erspart, auf endgültige Antworten hereinzufallen, und ihre Kühnheit, mit der sie sich über den Hochmut der Systeme hinwegsetzt. Lesen Sie weiter, und Sie werden mir recht geben.

III
Herr und Knecht

DER EINE Ich habe mich noch einmal in das Buch vertieft, und dabei ist mir aufgefallen, daß Sie auf das berühmteste Kapitel mit keinem Wort eingegangen sind.

DER ANDERE So?

DER EINE Ich meine die Auseinandersetzung zwischen dem Herrn und dem Knecht. Das ist doch der Angelpunkt, um den sich alles dreht. Ist Ihnen nicht aufgefallen, daß der Herr nicht einmal einen Namen hat, so, als wäre er gar kein Individuum? Einmal nennt ihn sein Diener sogar eine Marionette. Dagegen ist der Name Jacques ziemlich vielsagend. Unter diesem Stichwort bemerkt der Litré: »Jacques Bonhomme, nom donné par dérision aux paysans, à la population des campagnes dans le xive et le xve siècle« – und was eine Jacquerie ist, brauche ich Ihnen wohl nicht zu erklären.

DER ANDERE Bravo!

DER EINE Spotten Sie nur! Zur Strafe müssen Sie sich jetzt ein längeres Zitat anhören. Jacques widersetzt sich zum wiederholten Mal einem Befehl seines Herrn, und nach einem lauten Disput stellt er fest: »Alle unsere Fehden und Streitigkeiten sind die ganze Zeit über daher gekommen, daß wir uns noch nicht so recht offenherzig ins Gesicht gesagt hatten: Sie, daß Sie mein Herr *heißen* wollten; und ich: daß ich Ihr Herr *seyn* sollte ... Es ward dort oben beschlossen, daß Sie den Titel führen und ich im Besitz der Sache seyn sollte.« – »Aber unter diesen Umständen wäre ja dein Loos besser als das meinige, und ich thäte am besten, deinen Platz einzunehmen und dich an den meinigen zu stellen!« protestiert der Herr. Vergebens! »Wissen Sie, was dann geschehen würde? Sie würden auch den *Titel* verlieren und die *Sache* doch nicht gewinnen ... Und so wollen wir den

Überrest unseres Lebens dazu verwenden, ein Sprichwort zu spielen.« – »Welches Sprichwort?« – »Der Diener führt seinen Herrn am Strickchen!«

DER ANDERE Sehr witzig.

DER EINE Nicht nur das. Die politische Bedeutung liegt auf der Hand. Denn natürlich geht es hier nicht um einen häuslichen Krach. Diderot spielt auf die heftigen Auseinandersetzungen an, die es 1753-1774 zwischen König und Parlament gegeben hat, und überhaupt geht es bei dem Kontrakt, den Jacques vorschlägt, um nichts geringeres als um die Souveränität des Volkes in einer konstitutionellen Monarchie.

DER ANDERE Donnerwetter! Sie finden also doch etwas Substantielles an diesem frivolen Gallimathias!

DER EINE Wenigstens an dieser Stelle läßt Diderot seine Flausen und läßt die Katze aus dem Sack.

DER ANDERE Aha.

DER EINE Er entwickelt hier die Dialektik von Herr und Knecht, und das hatte weitreichende Folgen. Denken Sie nur an Hegel! Der hat ihn sofort gelesen. Schon 1807 zitiert er ihn in einem Aufsatz mit dem Titel *Wer denkt abstrakt*, und er kommt auf ihn zurück in dem berühmten Kapitel über Herrschaft und Knechtschaft in der *Phänomenologie des Geistes*: »Die *Wahrheit* des selbständigen Bewußtseins«, sagt er, »ist demnach das knechtische Bewußtsein. Dieses erscheint zwar zunächst *außer* sich und nicht als die Wahrheit des Selbstbewußtseins. Aber wie die Herrschaft zeigte, daß ihr Wesen das Verkehrte dessen ist, was sie sein will, so wird wohl auch die Knechtschaft vielmehr in ihrer Vollbringung zum Gegenteile dessen werden, was sie unmittelbar ist.« Und die sozialen Bewegungen haben sich diesen Gedanken angeeignet. Entfaltet findet sich diese Idee freilich erst viel später bei Kojève.

DER ANDERE Kojève?

DER EINE Alexandre Kojève, *Introduction à la lecture de Hegel*, Paris 1947. Kennen Sie nicht?
DER ANDERE Meinen Sie diesen alten stalinistischen Maulwurf, der sich damals auf der Rive gauche eingenistet hat?
DER EINE Ich sehe, Sie können mit der Idee der Revolution nichts anfangen, ganz im Gegensatz zu Ihrem Liebling Diderot.
DER ANDERE Ich glaube, Sie machen sich die Sache zu einfach, mein Lieber. Natürlich kündigt sich in seinem Buch eine Wende an, meinetwegen sogar eine Revolution, obwohl seine Haltung eher an Mirabeau als an Robespierre erinnert. Aber ich glaube, er ahnte nicht nur, was dem *Ancien régime* bevorstand, sondern auch, was dabei herauskommen würde... Ihren Hegel in Ehren, aber ich fürchte, er hat sich bei Jacques, dem Diener, nur insoweit bedient, als er ihn für seine Geschichtsphilosophie brauchen konnte. Die Theoretiker vereinfachen alles, darin liegt ihre Größe. Aber die Literatur fällt darauf nicht herein. Sie zieht sich immer aus der Schlinge der Interpretation. Gerade darin hat Diderot sich als Meister erwiesen.
Übrigens, da wir schon dabei sind, uns sein Buch auszudeuten: Man kann den Streit zwischen Herr und Knecht auch anders lesen. Der Autor selber legt das nahe, indem er sich und uns fragt, wie es mit dem Verhältnis zwischen ihm und seinem Leser bestellt ist. Wer ist hier der Herr des Verfahrens? Der Autor will gelesen werden, er bringt sein Werk auf den Markt; insofern ist er der Diener, und der Käufer, der ihn bezahlt, ist sein Auftraggeber, das heißt, sein Herr. Aber auch in diesem Fall gilt das Sprichwort, das Jacques im Munde führt: »Der Diener führt den Herrn am Strickchen.«
DER EINE Allerdings nur, solange der Leser sich's gefallen läßt. Wenn er es satt hat...
DER ANDERE Dann redet er, wie Sie zu Anfang geredet haben:

»Dein Jakob«, sagt er, »ist nichts als eine ungereimte Rhapsodie, zusammengestoppelt aus teils wirklichen, teils erdichteten Begebenheiten, ohne Anmut geschrieben und ohne Ordnung verteilt.« Und wissen Sie, was der Autor ihm darauf erwidert? »Ich bereite dir das Vergnügen, unter falschem Namen die Narrenpossen aufzuzeichnen, die du begehst; ich lache über deine Narrenpossen, du wirst über meiner Aufzeichnung verdrießlich. Lieber Leser, um offen mit dir zu reden, ich finde, der schlimmere von uns beiden bin nicht ich.«

DER EINE Warum muß er nur immer das letzte Wort haben?

DER ANDERE Vermutlich, mein Lieber, weil es dort oben so geschrieben steht.

IV
Über die Originalität

DER EINE Die Geschichte des modernen Romans beginnt also mit *Jacques le fataliste*. Das haben Sie doch behauptet.

DER ANDERE Wie kommen Sie darauf?

DER EINE Ich glaube Sie so verstanden zu haben.

DER ANDERE Sie irren sich. Derart dicke Sätze überlasse ich den Kritikern. Obwohl...

DER EINE Obwohl?

DER ANDERE Jetzt, wo Sie es sagen... Ganz falsch wäre eine solche These nicht. Wie er den Roman sabotiert, um ihn zu erneuern... Wie er mit den Genres umgeht, die zu seiner Zeit im Schwange waren! Die Fabel, die Komödie, die Anekdote, die Novelle, den Picaro-, den Kloster-, den Räuberroman, die Satire, den räsonnierenden Dialog, die moralische Erzählung, die Pornographie – er beherrscht sie alle und unterläuft sie zugleich. Er schreckt vor der Kolportage nicht zurück, und im nächsten Augenblick schlägt er die sublimsten Töne an. »Ich, ich schenke meinen Lesern das alles, was man in Romanen, in alten Komödien und im gesellschaftlichen Umgange antrifft« – und zwar mit einem Brio sondergleichen. Er ist ein geschworener Feind der Langeweile. Mit dem dürren Rationalismus, den man der Aufklärung nachsagt, hat er schon aus diesem Grund nichts gemein. Er weiß nämlich nur zu gut, daß man, mit den Worten Jakobs, »seinen Grillen folgt, die man Vernunft nennt, oder seiner Vernunft, die oft nichts weiter ist, als eine gefährliche Grille, welche bald zum Guten, bald zum Bösen ausschlägt«.

DER EINE Mag sein. Aber was hat das alles mit dem modernen Roman zu tun?

DER ANDERE Auch der hat die Ratio nicht gerade auf seine Fahnen geschrieben. Doch ich wollte auf etwas anderes hinaus, nämlich auf die Technik, mit der Diderot seine »köstliche und große Mahlzeit« anrichtet. Damit ist er seiner Zeit weit voraus. Sein Roman ist voller Hörspiele. Ich bin versucht zu sagen, daß er hundert Jahre vor Hertz und Marconi das Radio erfunden hat.

DER EINE Das ist absurd.

DER ANDERE Die Montage, den Filmschnitt, die Collage – lauter Medientechniken, von denen seine Zeitgenossen nichts ahnten.

DER EINE Ich verstehe. Sie wollen den armen Diderot zum Avantgardisten machen.

DER ANDERE Das wäre unhistorisch, denn die Avantgarde ist eine Erfindung des späten neunzehnten Jahrhunderts; übrigens, wenn Sie mich fragen, eine reichlich doktrinäre Angelegenheit.

DER EINE Wer ist hier unhistorisch? Eben haben Sie mir noch weismachen wollen, Diderot hätte den Film vorweggenommen! Ihre Medientheorien imponieren mir nicht. Was soll das überhaupt heißen: X oder Y war seiner Zeit voraus?

Diese Suche nach Vorläufern der Moderne hat etwas Hysterisches. Und was Diderot angeht: so innovativ, wie sie ihn zeichnen, war er gar nicht.

DER ANDERE Nein?

DER EINE Nein. Er war durchaus abhängig von der Tradition. Fortwährend beruft er sich auf die Antike, imitiert den Lukian, beruft sich auf Seneca und zitiert Ovid. Es wimmelt von Anspielungen auf Dante und Ariost. Diderot läßt Rabelais und Montaigne, Molière und La Fontaine, Richardson und Goldoni aufmarschieren ...

DER ANDERE Man nennt das, glaube ich, neuerdings Intertextualität.

DER EINE Die ganze Idee, Herr und Diener auf die Reise zu schicken, hat er von Cervantes geklaut. Ganz zu schweigen von Sterne! Was ist *Jacques le fataliste* anderes als eine Fortsetzung des *Tristram Shandy* und der *Sentimental Journey*? Schon seine Zeitgenossen haben ihm vorgeworfen, daß er den Pfarrer von Coxwold plagiiert!

DER ANDERE Moment! Zum einen ist Diderots Verfahren weit komplexer als das des Engländers, der eher mit der Abschweifung operiert als mit einer mehrdimensionalen Topologie. Und zum andern macht sich unser Autor eben über den Vorwurf des Plagiats lustig, den Sie erheben. Sagt er nicht an einer heiklen Stelle selber: »Der zweite Paragraph ist aus Yoriks empfindsamen Reisen kopirt; es wäre denn, daß die Unterredung zwischen Jakob und seinem Herrn älter als dieses Werk, und folglich der Prediger Sterne der Plagiarius gewesen wäre, was ich aber nicht glaube«?

DER EINE Ein vermaledeiter Trick. Ihr Diderot weiß sich immer herauszuwinden! Von der Originalität, die Sie an ihm bewundern, bleibt dabei allerdings nicht viel übrig.

DER ANDERE Ach, wissen Sie, die Originalität ist eine müde Sache. Ein Künstler, der sich einbildet, er müsse etwas machen, das noch nie zuvor gemacht worden ist, kann einem leid tun. Damit mag er bei den Rezensenten punkten, aber im Grunde ist er nur ein armer Teufel. Diderot ist kein Spekulant. Er ist ein Klassiker, das ist alles.

DER EINE Was soll das heißen?

DER ANDERE Ein Klassiker ist ein Autor, der sich um Vor- oder Rückgriffe nicht kümmert, der sich über Strömungen, Moden, Abhängigkeiten, über das Schulbuch-Denken der Literaturgeschichte souverän hinwegsetzt. Er verfügt mit der größten Selbstverständlichkeit über die Tradition, und mit derselben Chuzpe wischt er sie beiseite, wo er sie nicht brauchen kann. Das macht seine Vitalität aus. Aus diesem Grund reizt er nicht nur seine Zeitgenossen. Er wird auch die Zukünftigen nie langweilen.

V
Habent sua fata

DER EINE Sie müssen zugeben, schon seine Zeitgenossen hielten nicht viel von ihm. Ich habe ein bißchen in der Rezeptionsgeschichte geblättert, und da stellt sich heraus, daß der Leser, auf den der Autor so inständig einredet, nicht viel von *Jacques le fataliste* wissen wollte. Sein treuer Adlatus, Sekretär und Nachlaßverwalter Jacques-André Naigon zum Beispiel urteilt so darüber: »Nicht als könnte man darin keine schönen Stellen finden. . . . Aber es ist über die Hälfte zu lang; es sind zuviele Geschichten darin, und im allgemeinen sind sie nicht sonderlich amüsant, trotz ihrer ausgesprochenen Frivolität. . . . Wenn ich eines Tages erfahren würde, daß ein Mann von reinem und strengem Geschmack, Diderots Andenken sehr verbunden und zu Recht der Meinung, daß jedes Werk, das die Reputation eines Autors nicht vermehrt, sie notwendigerweise schmälert, in einem Übermaß an Eifer und Enthusiasmus für den Ruhm seines Freundes die letzte

Abschrift von *Jacques le fataliste* ins Feuer geworfen, die Episode der Madame de la Pommeraye aber gewissenhaft aufbewahrt hätte, so würde ich mich rasch über diesen Verlust hinwegtrösten. Vielleicht würde ich noch einige andere Seiten bedauern, für die ich um Gnade gebeten hätte, doch würde ich mir bald sagen, daß der Teil, der von dem Werk bliebe, der einzige ist, der es wirklich wert ist, gelesen, und der es verdiente, geschrieben zu werden.«

DER ANDERE Wieder so ein Philister!

DER EINE Er sprach nur aus, was die Zeitgenossen dachten. Und nicht nur sie! Noch 1875 verzieht der Herausgeber der *Œuvres complètes*, ein gewisser Assézat, den Mund: »Die herrschende Meinung besagt, daß dies ein schmutziges Buch ist. . . . Diese allzufreie Sprache liegt leider im Charakter Diderots, und, man muß es sagen, in dem der Gesellschaft seiner Zeit, die noch nicht, wie die unsrige, den letzten Schliff erreicht hatte. . . . Was dem Ruf von *Jacques le fataliste* aber am meisten geschadet hat, das ist die literarische Form des Buches. [Es wirkt] ermüdend auf den Leser wegen seiner Längen.«

DER ANDERE Ein professoraler Pedant.

DER EINE Was man von Barbey d'Aurevilly, dem Autor der *Diaboliques*, sicher nicht sagen kann. Er hat ein ganzes Buch *Contre Diderot* verfaßt. »Diderot,« sagt er, »das ist die fleischgewordene Diskussion, die laute, hemmungslose Zungenfertigkeit, der unaufhörliche Redestrom, der aus einem rauchenden Kopf auf die Erde niederging. Er schloß die Augen und öffnete den Mund. Schon gab es kein Halten mehr . . . Diderots Materialismus ist zynisch, das ist das Entsetzliche! Dieser Zynismus ist absolut. Ein trauriges Resultat! . . . Sein posthumer Triumph wird nicht von langer Dauer sein.«

DER ANDERE Wundert Sie dieses Urteil? *Jacques le fataliste* stand schon seit 1804 auf dem römischen Index, und Barbey war ein guter Katholik. Übrigens konnte er seine widerwillige Bewunderung für den »abscheulichen« Diderot nie ganz verbergen; er lobt sein Feuer, sein Temperament, seine Verve...

Und etwas anderes hat dieser intelligente Kritiker als erster erkannt: daß Diderot seinen Ruhm eher den Deutschen als seinen eigenen Landsleuten verdankt. Die Franzosen vergötterten Voltaire und Rousseau; mit Diderot wußten sie lange Zeit nichts anzufangen. »Der französische Geist«, sagte Barbey, »hat mit Voltaire das Zeitliche gesegnet; der deutsche beginnt mit Diderot.... Diderot hat die Eigenart des französischen Genies an die Deutschen ausgeliefert.« Und damit hat er recht. Wissen Sie, wo *Le neveu de Rameau* und *Jacques le fataliste*, die beiden Meisterwerke Diderots, zuerst das Licht der Welt erblickt haben? Nicht in Paris, sondern in Leipzig und Berlin. Und Goethe selber war es, der den *Neffen* übersetzt hat.

DER EINE Sie mit Ihrem Goethe!

DER ANDERE Oh, er war keineswegs der einzige. Auch Lessing und Schiller haben ihn aus halb klandestinen Handschriften ins Deutsche gebracht, die Romantiker, von Schlegel bis E. T. A. Hoffmann, haben ihn hoch geschätzt, nicht weniger Ludwig Börne, der Jakobiner; und daß Hegel sich auf ihn berufen hat, wissen Sie besser als ich. Doch auch dessen Antipoden, der bittere Schopenhauer und der entfesselte Nietzsche haben viel von ihm gehalten. Und die erste Diderot-Biographie, anno 1866, stammt von einem Deutschen, Karl Rosenkranz.

DER EINE Sie werden noch damit enden, daß Sie Ihren Favoriten in Deutschland einbürgern.

DER ANDERE Die Deutschen hätten es nötig. Aber darum geht es nicht. Heute sind die Animositäten, mit denen man Diderot so lange begegnet ist, verschwunden, und niemand bestreitet mehr seinen Rang.

DER EINE Auch ich nicht. Aber war er nicht selber schuld daran, daß man ihn in Frankreich so lange unterschätzt hat? Warum hat er nicht dafür gesorgt, daß seine Sachen in Paris erscheinen?

DER ANDERE Gute Frage! Weil das Parlament von Paris seine erste ernsthafte Publikation, die *Pensées philosophiques*, 1746 dazu verurteilt hat, »durch den Scharfrichter zerfetzt und verbrannt zu werden, weil sie »Ärgernis erregt und gegen die Religion und die guten Sitten verstößt.« Weil ein Jahr später die Polizei das Manuskript seiner *Promenade du sceptique* beschlagnahmt. Weil man ihn 1749 auf Grund eines *lettre de cachet* verhaftet! Wissen Sie, was das heißt? Keine Angabe von Gründen, kein gesetzlicher Richter, keine zeitliche Begrenzung der Haft! Er hatte Glück; er saß nur drei Monate lang in der Festung von Vincennes. Und weil 1752 die Zensurbehörde die druckreifen Manuskripte der *Encyclopédie* einzieht, weil sie eine Razzia bei den Buchhändlern veranstaltet, weil der Königliche Rat das Unternehmen verbietet. Sieben Jahre später wird sie von neuem unterdrückt; ein königliches Dekret entzieht ihr die Druckerlaubnis. Diderot arbeitet weiter, aber nach dem Erscheinen des letzten Bandes entdeckt er, daß ihn sein Verleger Le Breton, der durch die *Encyclopédie* reich geworden ist, hinter seinem Rücken brutal zensiert hat. Genügt Ihnen das?

DER EINE Er war vorsichtig.

DER ANDERE Nennen Sie es, wie Sie wollen. Hören Sie, ein Schriftsteller, der nicht über eine langfristige Strategie verfügt, ist verloren. Das war damals so, genau wie heute, wenn auch aus ganz anderen Gründen. Also, dreimal dürfen Sie raten, warum unser *Jacques le fataliste*, geschrieben vermutlich zwischen 1771 und 1778, fast zwanzig Jahre lang nur in ein paar vertraulichen Abschriften, nämlich in Grimms exklusiver *Correspondance littéraire*, und in deutscher Übersetzung zirkulierte.

DER EINE Er wollte es nicht darauf ankommen lassen.
DER ANDERE Allerdings. Seine besten Schriften hat er nie publiziert. Die letzten zwanzig Jahre seines Lebens hat er eigentlich geschwiegen. Das ist, wenn man es recht bedenkt, ein in der Literaturgeschichte einzigartiger Fall.
DER EINE Sie übertreiben, wie gewöhnlich. Der *Macbeth* wurde erst 1623 gedruckt, als Shakespeare schon sieben Jahre tot war.
DER ANDERE Aufgeführt wurde er, glaube ich, 1611 im Globe Theatre, Regie: William Shakespeare.
DER EINE Georg Büchner hat *Dantons Tod* nie auf einer Bühne gesehen.
DER ANDERE Er starb mit vierundzwanzig Jahren. Nein, mein Lieber. Unser Fall liegt anders. Stellen Sie sich einen intellektuellen Star wie Diderot vor – denn so etwas Ähnliches muß er im Paris der fünfziger Jahre gewesen sein –, der sich plötzlich entschließt, nichts Wichtiges mehr zu publizieren. Nicht, weil ihm die Luft ausgegangen wäre – im Gegenteil! Nie war er produktiver als in den letzten dreißig Jahren seines Lebens. *Rameaus Neffe*, die *Pages contre un tyran*, die *Salons* von 1765-1781, *Le rêve d'Alembert*, *Le supplément au Voyage de Bougainville*, das *Entretien d'un philosophe avec la Marechale de M****, *Est-il bon? Est-il méchant?*, das *Entretien entre d'Alembert et Diderot*, *La Religieuse* . . .
DER EINE Hören Sie auf!
DER ANDERE Oh, das ist noch lange nicht alles! *La mystification*, ein Text aus dem Jahre 1768, wissen Sie, wann der zum ersten Mal erschienen ist? 1954!
DER EINE Der Titel paßt zu einer langfristigen Strategie, wie Sie es nennen.
DER ANDERE Ein eitler Autor wäre dazu nicht imstande gewesen.
DER EINE Ein bescheidener ebensowenig.
DER ANDERE Er wußte, was sein Genie wert, was *er* der Nach-

welt, und was sie *ihm* schuldig war. Und er hat recht behalten. Noch im einundzwanzigsten Jahrhundert werden wir die Geheimschrift lesen, die er seiner Flaschenpost anvertraut hat.

Literatur

Primärquellen

Correspondance littéraire, philosophique et critique. Hg. von Melchior Grimm und Jacob Heinrich Meister 1753-1793. 16 Bände. Paris 1877-1882.

D. D., *Jakob und sein Herr, aus Diderots ungedrucktem Nachlasse.* Deutsch von Wilhelm Christhelf Siegmund Mylius. Berlin 1793.

Dass., ergänzt und mit einem Nachwort von Horst Günther. Frankfurt am Main 1999.

D. D., *Jacques le fataliste.* Paris 1796.

Œuvres complètes de Diderot. Hg. von Jules Assézat und Maurice Tourneux. 20 Bände. Paris 1875-1877.

D. D., *Œuvres complètes.* Edition critique et annotée. Hg. von J. Fabre, H. Dieckmann, J. Jough, J. Proust und J. Varloot. Paris 1975 –.

Sekundärquellen

Jules Barbey d'Aurevilly, *Goethe et Diderot.* Paris 1880. Auszüge in: *Der Komet. Almanach der Anderen Bibliothek auf das Jahr 1991.* Frankfurt am Main 1990.

Jean Catrysse, *Diderot et la Mystification.* Paris 1970.

P. N. Furbank, *Diderot. A Critical Biography.* London 1992.

Johann Wolfgang Goethe, Brief an Johann Heinrich Merck, Weimar, 7. April 1780; Brief an Karl Friedrich Zelter, Weimar, 9. März 1831.

Georg Friedrich Wilhelm Hegel, *Phänomenologie des Geistes.* Bamberg 1807.

Alexandre Kojève, *Introduction à la lecture de Hegel.* Paris 1947.

Pierre Lepape, *Diderot.* Paris 1991.

Roland Mortier, *Diderot en Allemagne.* Paris 1954; *Diderot in Deutschland 1750-1850.* Stuttgart 1972.

Jacques-André Naigeon, *Mémoires historiques et philosophiques sur la vie et les ouvrages de Denis Diderot.* Paris 1823, zitiert nach Mortier (1972).

Karl Rosenkranz, *Diderots Leben und Werke.* 2 Bände. Leipzig 1866.

Arthur M. Wilson, *Diderot.* London 1957, ²1972.

Metakommunikation
Ein Dialog

DER EINE Ich gehe nirgends hin. Keine Lesungen, keine Podiumsgespräche, keine Vorträge.

DER ANDERE Warum nicht? Glauben Sie, Sie wüßten alles besser, oder bilden Sie sich ein, Sie könnten ganz allein denken? Warum unterhalten Sie sich dann mit mir?

DER EINE Daß einem zu zweit mehr einfällt, weiß ich natürlich, das ist seit ein paar tausend Jahren bekannt. Aber müssen es immer ein paar hundert sein, die dabeisitzen? Ganz zu schweigen von den Fernsehkameras, den Photographen, den Blumensträußen in Plastikfolie, den einleitenden Worten, den Häppchen auf dem Stehempfang nach der Veranstaltung. Alle diese Akademien, Gremien, Kongresse, Gesprächsforen, Konferenzen, Festivals – was das kostet, nicht auszudenken!

DER ANDERE Sie machen sich Sorgen über das Budget?

DER EINE Wenn es nur das Geld wäre! Nein, ich denke an die Zeitverschwendung.

DER ANDERE Würde es Sie stören, wenn ich zu dem Schluß käme, daß Sie ein Misanthrop sind? Oder daß Sie einen Hang zum Asozialen haben?

DER EINE Keineswegs. Aber wenn ich schon unter Leute gehe, dann am ehesten zu Freunden. Oder zu einer Frau. Die sogenannte Öffentlichkeit eignet sich eher fürs Fernsehen.

DER ANDERE Sehr selbstgenügsam. Kontaktarm. Immerhin verpassen Sie glänzende Redner, spannende Diskussionen.

DER EINE Jede Idee, jeder winzigste Funken einer Idee erscheint früher oder später schwarz auf weiß im Druck. Sie brauchen nur eine Weile zu warten, dann bringt Ihr glänzender Redner alles zu Papier, was ihm eingefallen ist. Und die Lektüre ist weit ökonomischer, als auf einem unbequemen Stuhl in der fünfzehnten Reihe auszuharren. Außerdem hat sie den unschätzbaren Vorteil, daß man sie abbrechen kann, wenn es einem zu langweilig wird. Einem Vortrag dagegen entkommen Sie nicht so leicht. Da heißt es:

Mitgefangen, mitgehangen. Übrigens sagen die Kongreß-schwalben fast nie etwas Neues. Sie liegen einem mit Thesen in den Ohren, die sie schon ein Dutzend Mal zuvor aufs Tapet gebracht haben, in Chicago oder in Tokyo oder, je nach ihrem Marktwert, auch in Hildesheim und in Osnabrück. Ganz abgesehen von all den Sonderdrucken, Tagungsberichten, Festschriften, Sammelbänden...

DER ANDERE Sie sollten froh sein, daß es so etwas gibt. Sonst erführen Sie nämlich überhaupt nicht, was in der intellektuellen Welt vorgeht. Verstehe ich Sie recht? Sie sitzen also abends ganz allein zu Hause und wühlen sich durch einen Haufen Papier? Eine ziemlich weltfremde Attitüde. Wird Ihnen dabei nie langweilig?

DER EINE Doch. Aber noch öder finde ich diese Rituale in irgendeiner Aula, einem Konferenz-Zentrum, einer Mehrzweckhalle, wo vorne auf dem Podium die *big shots* hinter ihren Mikrophonen sitzen und versuchen, einander auszustechen.

DER ANDERE Aber das ist doch gerade der Witz der Sache! Die Konkurrenz, der Zwist, die Profilneurose – das inspiriert! Dabei kommen Formulierungen zustande, an die man nie zuvor gedacht hat. Die Spontaneität siegt über die Selbstzensur. So überrascht man nicht nur die andern, sondern auch, was viel wichtiger ist, sich selber!

DER EINE Sie sprechen aus Erfahrung.

DER ANDERE Natürlich.

DER EINE Beneidenswert.

DER ANDERE Und hinterher muß man verteidigen, was einem in der Hitze des Gefechts herausgerutscht ist. Das erzeugt Druck. Unter Druck produziert man Sätze, die man am Schreibtisch nie riskiert hätte. Insofern ist das Ganze auch eine Art Mutprobe.

DER EINE Oder eine Art Theater.

DER ANDERE Richtig.

DER EINE Dazu fehlt mir das Talent.

DER ANDERE Alles nur eine Frage des Trainings. Fitness ist alles, nicht nur im Sport.

DER EINE Und das Publikum?

DER ANDERE Wer weiß? Offen gestanden, warum die Leute da hingehen, ist auch mir ein Rätsel. Tatsache ist, daß es immer voll ist.

DER EINE Wenn *Sie* auftreten!

DER ANDERE Überhaupt. Zwanzig Veranstaltungen jeden Abend in jeder Stadt von hunderttausend Einwohnern, und bei jeder finden sich Zuhörer ein.

DER EINE Das freut mich, denn es beweist meine Entbehrlichkeit. Vielleicht können wir uns darauf einigen, daß das, was man Kulturleben nennt – ein zugegebenermaßen alberner Ausdruck, aber Geistesleben hört sich noch komischer an –, nur existieren kann, wenn es zwei Arten gibt, darauf zu reagieren: entweder nimmt man daran teil, oder man beobachtet es. Ich ziehe die zweite Möglichkeit vor.

DER ANDERE Interessant, daß Sie das sagen, obwohl ich finde, daß das eine das andere eher ein- als ausschließt. Übrigens planen wir im September eine Veranstaltung über die Problematik der teilnehmenden Beobachtung. Ich fände es schön, wenn ich Sie dafür gewinnen könnte.

DER EINE Ich fürchte, das wird nicht möglich sein. Im September bin ich in Harvard. Sie wissen doch, die Internationale Tagung der Kommunikationswissenschaftler zu dem Thema *The End of Discourse*.

DER ANDERE Schade. Eine Bitte hätte ich noch. Wenn Sie schon nicht persönlich dabei sein können, dann schicken Sie mir doch eine Kopie Ihrer *key-note speech*. Ich würde sie gern in unserem Sammelband abdrucken.

DER EINE Na also! Ich sehe, wir haben uns verstanden.

Nieder mit Goethe!

Eine Liebeserklärung

Personen

EIN MODERATOR
FRAU LISELOTTE VON STÖCKELMANN
FRAU KAROLINE HERDLEIN
HERR PROFESSOR FRIEDRICH GLAUBER
HERR KANDIDAT LUDWIG BIRNBAUM

KAMERALEUTE; ASSISTENTEN
VERSCHIEDENE TELEPHONSTIMMEN
VERSCHIEDENE SPRECHER

Die Talkshow findet in einem öffentlichen Saal mit Publikum statt. Ort der Handlung ist Weimar.
Die Bühne ist mit den Mitteln der heutigen Fernsehtechnik ausgestattet. Die vier Studiogäste vorn an einem Tisch auf dem Podium, in ihrer Mitte der Moderator. TV-Kameras, Telephone mit Lautsprecherwiedergabe, eine Großbildleinwand, eventuell Monitore. Es herrscht die Atmosphäre einer Live-Sendung.
Vor- und Nachspann sowie die Werbespots müssen vorproduziert und in die Talkshow eingespielt werden.
Die Zeit der Handlung ist anachronistisch. Der Moderator ist ein heutiger Fernsehstar; so tritt er auf, so ist er gekleidet. Sein Part ist flexibel; er kann bis zu einem gewissen Grad improvisieren. Er kann die Studiogäste unterbrechen, Rückfragen stellen, gelegentlich sogar einen Witz machen, vorausgesetzt, daß er sich an die Vorgaben des Buches hält und die nötigen Stichworte gibt.
Die Studiogäste sind Schauspieler. Sie müssen sich strikt an ihren Text halten. Es handelt sich um Personen aus der Goethezeit. Sie sind im Stil der Zeit gekleidet und verhalten sich entsprechend. Zeit: etwa 1810-1815. Auch die Werbespots sind nach der Ästhetik des früheren Biedermeier zu drehen,

also eher betulich und gravitätisch, mit den entsprechenden musealen Requisiten.
Die doppelte Zeit der Handlung führt zu einem gezielten Anachronismus. Parodistische Momente und Anspielungen sollten unterbleiben. Die Zeitdiskrepanz muß implizit *wirken*. Der Name Goethe fällt in der ganzen Sendung kein einziges Mal.
Der Moderator sollte Erstausgaben von Goethes Werken zur Hand haben, die dann, als wären es Neuerscheinungen, vor der Kamera gezeigt werden.

Zu den Studiogästen im einzelnen:
Frau von Stöckelmann, etwa 50, ist eine Dame der Weimarer Gesellschaft mit entsprechender Allure, standesbewußt, sorgfältig gekleidet; sie strebt einen vornehmen Ton an. Man könnte an Charlotte von Stein denken. Der Subtext wäre eine affektive Bindung an Goethe, die aber zur Enttäuschung geführt hat.
Frau Karoline Herdlein, etwas jünger und weniger ansehnlich, ist der Typus der gebildeten Kleinbürgerin aus der Provinz mit dem Drang zum Höheren. Erotisch eher unglücklich, aber ehrgeizig, kompensiert sie ihre Probleme durch sittlichen Eifer. Sie trinkt zuviel. (Während der Sendung wird Wein angeboten.) Ihr Ausbruch gegen Ende des Gesprächs ist dadurch motiviert. Als Modell könnte einerseits Karoline Herder, andererseits Rahel Levin dienen.
Professor Glauber ist der Typ des allwissenden Großkritikers. Pedant mit reaktionären Zügen, aggressiv, politisch Anhänger des Ancien régime *mit nationalistischen Zügen. (Historisches Vorbild: Heinrich Vogler, Köchy, eventuell Pustkuchen oder Goeze.)*
Ludwig Birnbaum, wesentlich jünger, um die dreißig, Typus des linken Eiferers mit leicht streberhaften Zügen. Subtext ist der aggressive Neid auf Goethe, seinen Reichtum usw. Bei der Besetzung wäre an den jungen Börne zu denken.

Diese vier Personen sind fiktiv; alles, was sie vorbringen, ist hingegen historisch belegt. Sie dienen also als Stellvertreter von knapp fünfzig Zeitgenossen Goethes, darunter erste Namen.

Vorspann

Rollschrift über Bildnisse von Goethe. Falls der Text zugleich verlesen wird, eine souveräne, gelassene ältere Stimme (Goethe):

Man hat einen Octavband herausgegeben: *Goethe in den wohlwollenden Zeugnissen der Mitlebenden.* Nun werde ich raten ein Gegenstück zu besorgen: *Goethe in den mißwollenden Zeugnissen der Mitlebenden.* Die dabei zu unternehmende Arbeit würde den Gegnern leicht werden und zur Unterhaltung dienen.

Da man mich aus der allgemeinen Literatur und der besonderen der Deutschen jetzt und künftig, wie es scheint, nicht loswird, so wird es dem Geschichtsfreunde gewiß nicht unangenehm sein, auf eine bequeme Weise zu erfahren, wie es in unsern Tagen ausgesehen und welche Geister darinnen gewaltet.

Mir selbst würde ein solches Unternommene höchst interessant sein; denn wie sollt' ich mir läugnen, daß ich vielen Menschen widerwärtig und verhaßt geworden, und daß diese mich auf ihre Weise dem Publikum vorzubilden gesucht.

Ich dagegen bin mir nur bewußt, daß ich mich in ununterbrochener Tätigkeit erhalten und sie, wiewohl angefochten, bis an mein Ende durchgeführt habe.

Johann Wolfgang Goethe

MODERATOR Guten Abend, meine Damen und Herren. Den Mann, um den es in unserer heutigen Sendung gehen soll, brauche ich Ihnen nicht vorzustellen. Jeder kennt ihn; er ist nicht nur Deutschlands berühmtester, er ist auch unser umstrittenster Schriftsteller. Und ich denke, es ist an der Zeit, ihn einmal auch ganz unbefangen von der kritischen Seite her zu betrachten.
Niemand ist dafür kompetenter als unsere heutigen Studiogäste.
Ich begrüße hier zunächst die beiden Damen, die unserer Einladung gefolgt sind. Frau Liselotte von Stöckelmann gehört den höchsten Kreisen der Weimarer Gesellschaft an; sie ist mit dem Leben des großherzoglichen Hofes vertraut, und ich darf wohl sagen, daß sie unseren Autor seit vielen Jahren kennt, nicht wahr?
Majestätisches Nicken der Frau v. Stöckelmann.
Das gilt auch für Frau Karoline Herdlein, deren wichtige Rolle im kulturellen Leben der Stadt ja allseits bekannt sein dürfte. Ich freue mich besonders, daß wir heute abend Herrn Professor Dr. Glauber aus Leipzig bei uns haben. Er ist Ihnen allen als profunder Kenner und scharfsinniger Kritiker aus Funk und Fernsehen bekannt. Und schließlich begrüße ich Herrn Ludwig Birnbaum aus Frankfurt. Er ist Kandidat der Staatswissenschaften, und trotz seiner Jugend hat er sich bereits einen Namen als streitbarer Publizist gemacht.
Schon aus Gründen der Fairness hätten wir es natürlich gern gesehen, wenn der Held dieses Abends, wenn ich so sagen darf, persönlich erschienen wäre. Leider war er nicht bereit, sich der Kamera zu stellen und mit uns zu diskutieren. Auf diese Weise hätten Sie sich selbst ein Bild von ihm machen können. Glücklicherweise fehlt es uns nicht an Augenzeugen, und so wollen wir damit anfangen, daß unsere Weimarer Gäste uns den Schriftsteller schildern, so wie sie

ihn erlebt haben. Welchen Eindruck hat er auf Sie gemacht? Wie sieht er aus? Frau Herdlein bitte.

HERDLEIN Ja, also unter den Augen hat er schon Falten und ziemlich beträchtliche Säcke; überhaupt sieht man ihm das Alter recht eigentlich an. Die Nase ist eine recht eigentliche Habichtsnase. Der Mund ist klein und außerordentlicher Biegungen fähig; nur entstellen ihn, wenn er lächelt, seine gelben, äußerst krummen Zähne. Das Gesicht ist voll, mit ziemlich herunterhängenden Backen. Er trägt das Vorderhaar ratzekahl abgeschoren. Alles zusammengenommen, könnte er ein Minister, ein Kriegsrat, ein Geheimrat, allenfalls ein Amtmann sein, nur kein Gelehrter und gewiß kein Virtuose. Außerdem kann er sich gemeinhin auf viele Wörter nicht besinnen und macht beständig Gesichter.

MODERATOR Was sagen Sie zu diesem Bild, Frau von Stöckelmann?

STÖCKELMANN Ich weiß nicht, wie Frau Herdlein zu diesen intimen Eindrücken gekommen ist. Wir bewegen uns im allgemeinen nicht in denselben Kreisen. Aber in diesem Fall muß ich ihr leider recht geben. Ich sehe den Meister so: Sein Gang ist überaus langsam, sein Bauch nach unten zu hervorstehend wie der einer hochschwangeren Frau, sein Kinn ganz an den Hals herangezogen, von einer Wassersuppe dichte umgeben, seine Backen dick, sein Mund in halber Mondsform; seine Augen allein noch gegen Himmel gerichtet; sein Hut aber noch mehr und sein ganzer Ausdruck eine Art von selbstzufriedener Gleichgiltigkeit, ohne eigentlich froh auszusehen. Ich muß sagen, er dauert mich.

MODERATOR Einen Moment mal, ich verstehe Sie beide nicht. So häßlich kann er doch gar nicht sein. Ich habe hier ein Porträt des Dichters mitgebracht – vielleicht können wir das einmal einblenden, damit sich unsere Zuschauer selbst überzeugen können. Und dann möchte ich Ihnen vorlesen, welchen Eindruck er auf eine andere Besucherin gemacht hat.

Wenn Sie erlauben ...

»Er ist das vollkommenste Wesen, das ich kenne, auch im Äußeren; eine hohe, schöne Gestalt, die sich sehr gerade hält, sehr sorgfältig gekleidet, immer schwarz oder dunkelblau, die Haare recht geschmackvoll frisiert und gepudert, und ein gar prächtiges Gesicht mit zwei klaren braunen Augen, die mild und durchdringend zugleich sind. Wenn er spricht, verschönert er sich unglaublich; ich kann ihn dann nicht genug ansehen. Es ist wahr, er sieht so königlich aus, daß bei ihm die gemeinste Höflichkeit wie Herablassung erscheint, und er selbst scheint das gar nicht zu wissen, sondern geht so hin in seiner stillen Herrlichkeit wie die Sonne.«

STÖCKELMANN *schüttelt den Kopf* Na, na ...

BIRNBAUM Königlich! Wenn ich das schon höre!

HERDLEIN Ich kann mir schon denken, wer diese Besucherin war.

MODERATOR Bitte verraten Sie es uns.

HERDLEIN Lieber nicht. Es gibt ja eine gewisse Sorte von Frauen, die jeder Berühmtheit zu Füßen liegen. Daran hat es ihm sicher nie gefehlt.

BIRNBAUM Fest steht doch, daß er etwas entsetzlich Steifes in seinem Betragen hat. Er ist entsetzlich dick, mit kurzen Armen, die er ganz gestreckt in beide Hosentaschen hält. Er ist nun einmal ein seltsamer Mensch, aber wahrlich kein interessanter. Und was das Porträt betrifft ... Diese Art von Hofmalerei kennen wir doch. Das ist wirklich keine Kunst. Auf solchen Porträts kann jeder gut aussehen, wenn er ein entsprechendes Honorar zahlt. Lassen Sie sich nicht täuschen! Das ist alles geschönt! Eine nichtswürdige Täuschung, auf die ich jedenfalls nicht hereinfalle.

MODERATOR Und wenn schon. Ein bißchen Mühe geben wir uns wohl alle, besonders, wenn wir vor der Kamera stehen. Sie waren, glaube ich, auch beim Friseur, Herr Birnbaum. Und, seien wir mal ehrlich, meine Damen, ein wenig

Schminke kann doch nicht schaden. Ja, und damit wären wir bei der Werbung.

Die folgenden Werbespots werden eingespielt.

Schminke nennt man ein feines Pigment, womit sich vorzüglich das weibliche Geschlecht ein schöneres, lebhafteres und jugendlicheres Aussehen zu geben bemüht ist. Man hüte sich jedoch vor Schminken aus dem Mineralreiche, da die meisten schädliche Theile enthalten und wahre Gifte sind. Hingegen sind zu empfehlen unsere bekömmlichen weißen Schminken aus dem Pulver der Aronswurzel, sowie unser Rouge en feuille aus Cochenille und Pernambucoholz. Dies zeigt dem verehrten Publikum an Andreas Göttling, Spezereihändler aus Apolda.

Aus gegebenem Anlaß weist die Tabaksfabrik zu Ebersdorf im Fürstlich Reußischen Lande darauf hin, daß ihre Produkte der Gesundheit, individuelle Umstände abgerechnet, nicht nachtheilig werden können; denn dieselben sind unverfälscht durch Surrogate, ferner von zwar pikantem, doch angenehmem, nichtstinkendem Geruch und mildem Geschmack. Unser Rauchtabak ist wohlgeschnitten und enthält keine Stiele und Strunke; er brennt leicht, ohne Knistern und Sprudeln, und läßt eine feine weiße Asche zurück. Das Pfund Sankt Varinas Kanaster kommt derzeit auf wohlfeile 32 Kreuzer.

Kleider-, Hut-, Fuß-, Schlicht-, Schnallen-, Zahn- und Kratzbürsten, auch mit Silber, Elfenbein oder eingelegtem Perlmutter versehenen Griffen und mit Leder, Saffian oder Seidenzeug überzogen, ferner Borstenwische, Kardätschen und Frottirbürsten zum Drehen bei Scheintod, Schlagflüssen etcetera, sind in reichlicher Auswahl zu beziehen von der Bürsten-Manufaktur zu Altenburg. Verlangen Sie unseren neuesten Preis-Courant!

MODERATOR Liebe Zuschauer, unsere Studiogäste haben uns ein recht eindrückliches Bild gezeichnet, vielleicht nicht unbedingt schmeichelhaft, aber dafür, wie ich hoffe, recht wirklichkeitsnah. Doch sind das alles schließlich nur Äußerlichkeiten, bei denen wir uns nicht weiter aufhalten wollen. Interessanter ist der Charakter dieses ungewöhnlichen Mannes. Vielleicht könnten Sie uns den etwas näherbringen? Welchen Eindruck hat er auf Sie gemacht, und was für eine Rolle hat er in der Weimarer Gesellschaft gespielt? Frau von Stöckelmann, bitte ...

STÖCKELMANN Da müßte ich etwas weiter ausholen ... Also ganz zu Anfang sahen wir ihn als einen feurigen Wolf, der des Nachts an honetten Leuten hinaufsprang und sie in den Kot wälzte. »Das garstige Tier«, riefen wir aus, und ich weit heftiger und lauter als andere. Bald darauf erfuhr ich allerdings, daß man um ein bißchen Spukens willen nicht gleich des Teufels sei ...

HERDLEIN Also was mich betrifft – seine Liebkosungen scheinen mir immer die Liebkosungen eines Tigers. Man faßt unter seinen Umarmungen immer an den Dolch in der Tasche.

MODERATOR Immerhin! Umarmungen, Liebkosungen ...

STÖCKELMANN Ich muß sagen, daß ich diese Ausdrücke eigenartig finde, um nicht zu sagen: deplaziert.

HERDLEIN So?

STÖCKELMANN Ich wüßte nicht, was Ihnen das Recht zu derartigen Intimitäten gibt.

HERDLEIN Daß ausgerechnet Sie das sagen, wundert mich.

STÖCKELMANN Ich habe eher den Eindruck, daß Sie es sind, die sich hier mit Insinuationen hervortut.

MODERATOR Aber aber, meine Damen! Sollten wir nicht eher auf den Gegenstand unserer Diskussion zurückkommen?

STÖCKELMANN Sie haben recht. Also. Ich habe, seitdem ich ihn kenne, immer eine Art Mißtrauen gegen ihn gehabt. Man darf ja nur seine Romane aufmerksam lesen, so wird man schon ganz klar finden, wie er nur soviel Sinn von den Menschen verlangt, daß sie seine Ideen, aber gerade nur *seine* Ideen, auszuführen imstande sind. Alt war er schon längst ...

BIRNBAUM Richtig! Er ist ein abgelebter, schwacher Gott, den es verdrießt, daß er nichts mehr schaffen kann.

STÖCKELMANN Vielleicht haben Sie die Güte, junger Mann, mich ausreden zu lassen. Ich sagte: Alt war er schon längst, aber nicht alle, welche alt werden, sind deshalb so veraltet wie er. Dazu muß man eben nie recht jung gewesen sein. Gehen Sie, er hat kein Gemüt und keine Liebe, und wenn es damit nicht gut ist, dann kann alles auf die Länge nicht gut werden.

MODERATOR Und Sie, Herr Professor Glauber, was sagen Sie als Gelehrter dazu?

GLAUBER Ich bin ganz Ihrer Meinung, gnädige Frau. Ach ja, er hat eine Wolfsnatur! Er ist der ungütigste Mensch, der größte Egoist, den ich je kennenlernte – ein zügelloser, unbändiger Mensch. Er hat eine Rolle hier gespielt, die ihn als einen überwitzigen und als einen wahnsinnigen Religionsverächter nicht nur eben verdächtig, sondern ziemlich bekannt gemacht. Er muß in seinem Obergebäude einen Sparren zuviel oder zuwenig haben.

BIRNBAUM Entschuldigen Sie, aber ich sehe nicht ein, was die Religion damit zu tun hat.

GLAUBER Natürlich nicht. Vermutlich gehören Sie selbst zu diesen Gottesleugnern, die in unserer Literatur das große Wort führen.

BIRNBAUM Wenn hier jemand das große Wort führt, dann sind es wohl eher Leute wie Sie, die Professoren mit ihren Pfründen, die seelenruhig ihre Gehälter verzehren, während die jungen Schriftsteller nicht wissen, wie sie ihre Miete bezahlen sollen.

MODERATOR Vielleicht hören wir uns erst einmal an, was

Herr Glauber zu sagen hat. Sein Urteil hat mich überrascht; denn ich habe von anderer Seite viel Gutes über den Helden unseres Abends gehört.

GLAUBER Ich auch. Aber solche Lorbeeren haben mir den Charakter dieses aufgeblasenen Gecken noch um ein gut Teil ekelhafter und verächtlicher gemacht. Ich kehre ihm auf ewig den Rücken zu, wie fast alle rechtschaffenen Männer unserer Nation lange vor mir schon getan haben.

STÖCKELMANN Das stimmt. Man fällt hier über ihn ziemlich allgemein, seine Clique ausgenommen, das Urteil, der viele Weihrauch habe ihn schwindlig gemacht, und er erlaube sich Dinge, die man nicht ungeahndet sollte hingehen lassen.

HERDLEIN An Schmeichelei gewöhnt, wie er ist, verwirrt ihn keine Lobrede mehr. Mir hat er einmal gesagt: Man muß in der Tat meine Sprache gewöhnt sein, um mich zu verstehen; deshalb mag ich auch nur dann sprechen, wenn ich Menschen meiner Höhe antreffe.

GLAUBER Welch eine sultanische Arroganz!

BIRNBAUM Um zu ihm zu kommen, ist auch keine Möglichkeit, weil er beinah alle Zugänge barrikadiert hat.

MODERATOR Sie haben es also versucht? Das ist ja interessant. Man hört ja hie und da, daß er jüngere Schriftsteller ziemlich ungnädig behandelt.

BIRNBAUM Das kann man wohl sagen. Inzwischen kann man nicht anders zu ihm dringen als mit einem Zug Artillerie oder wenigstens mit ein paar Zimmerleuten, die einem die Zugänge mit Äxten öffnen. Und so ist ein gemeiner Mann wie unsereiner gezwungen, das Abenteuer ganz aufzugeben.

HERDLEIN Er hat auch gegen seine nächsten Freunde kein Moment der Ergießung.

STÖCKELMANN Darf ich fragen, wen Sie dazu rechnen? Vielleicht würden Sie sich selbst zu diesen nächsten Freunden zählen?

HERDLEIN Das habe ich nicht behauptet. Ich sage nur: Er ist an nichts zu fassen. Dies scheint mir eine konsequente und planmäßige Handlungsart, die ganz auf den höchsten Genuß der Eigenliebe kalkuliert ist. Ein solches Wesen sollten die Menschen nicht um sich herum aufkommen lassen. Mir ist er dadurch verhaßt.

BIRNBAUM Ich jedenfalls betrachte ihn wie eine stolze Prüde, der man ein Kind machen muß, um sie vor der Welt zu demütigen.

STÖCKELMANN Das geht zu weit. Sie mögen gegen ihn einwenden, was Sie wollen – auch ich gehöre nicht zu seinen Lobrednern –, aber im Vergleich zu Ihnen ist er ein Adler. Ein junger Mensch wie Sie sollte sich erst einmal seine Sporen verdienen, bevor er es wagt, so zu urteilen. Und wenn Sie sagen, er lasse niemanden an sich herankommen – ich finde es geradezu spaßhaft, wie er diejenigen behandelt, welche sich an ihn drängen und ihr einseitiges Streben bei ihm geltend machen wollen.

BIRNBAUM Nun, ich gebe es zu: dieser Mensch ist mir einmal im Wege. Er erinnert mich so oft, daß das Schicksal mich hart behandelt hat. Er hat es leicht gehabt, und ich, ich muß bis auf diese Minute noch kämpfen.

GLAUBER Jedenfalls, der Schade, den er durch seine Vergötterung des Dichtertalents gestiftet, ist unberechenbar. Aber die Menschen werden erwachen und nach der Wirkung fragen, die er auf Geist, Gemüt und Charakter, auf das innigste, wahre menschliche Glück und auf die Jugend, die Veredlung der Menschheit gemacht hat. Heil dem, der es jetzt schon wagt, nach dieser Wirkung zu fragen.

STÖCKELMANN Verzeihen Sie, aber er sieht das ganz anders, und ich muß ihm recht geben. Er ist wegen des inneren Unwesens an allem literarischen Heil in Deutschland verzweifelt. Jeder, sagt er, will für sich stehen, alle verlieren sich im Vagen. Er versichert darum, daß er sich nicht mehr um andere bekümmern, sondern nur seinen Gang gehen wolle, und treibt es soweit, daß er versichert, der beste Rat sei, die Deutschen, wie die Juden, in alle Welt zu zerstreuen; nur auswärts seien sie noch erträglich.

MODERATOR Sind Sie da nicht ziemlich inkonsequent, gnädige Frau? Plötzlich treten Sie als seine Fürsprecherin auf...

STÖCKELMANN Verteidigen kann ich ihn nicht und doch auch nicht verdammen. Es geht mir mit ihm wie mit einem sehr teuern Freund, dessen Schwächen und Fehler man wohl bemerkt und im stillen tadelt, aber man mag sie doch nicht vor aller Welt aufgedeckt sehen.

MODERATOR Ich verstehe. Herr Professor, Sie scheinen damit nicht ganz einverstanden zu sein?

GLAUBER Natürlich nicht. Aber ich mag mich über sein Tun und Reden nicht weiter auslassen. Kein Mensch wird zweifeln können, daß er Grimm, Bosheit und Tücke im Herzen hat. Er möchte seine hohe Abstraktionsgabe leicht so weit treiben, daß er seinem besten Freunde unversehens einmal die Gurgel abschnitte und ihn bei den Beinen an den Galgen aufhinge, ganz unschuldigerweise und so, daß der liebe Freund selber nichts dagegen haben würde, wenn er sich nur in ihn hineindenken und sich an seine Stelle versetzen würde. Und so möge der Gute, Brave, Große hinziehen in Frieden, und ziehe ihm nach, wer Lust hat! Ich danke Gott dafür, daß wir geschiedene Leute sind!

MODERATOR Liebe Zuschauer, meine Damen und Herren, wir haben nun manches über den Weimarer Großmeister gehört, das für viele von Ihnen sicherlich neu und vielleicht sogar schockierend war. Ich muß es nochmals sagen: daß der Star des heutigen Abends nicht bereit war, Stellung zu nehmen zu dem, was hier über ihn geäußert wird, bedaure ich sehr. Was sein Werk betrifft, so werden wir sicherlich später darauf zurückkommen. Er ist aber, wie Sie wissen, nicht nur als Autor hervorgetreten; er hat auch eine bedeutende politische Karriere gemacht. Ich möchte deshalb unsere Studiogäste fragen, was sie von der offiziellen Tätigkeit ihres Mitbürgers halten. Ja, Herr Birnbaum?

BIRNBAUM Zuverlässig weiß ich, daß er in Weimar als Minister schlechterdings nichts wirkt, übrigens ganz nach seinen Lüsten leben soll und den Herzog, so gut er kann, amüsiert. Er verzehrt für Nichtstun eine Besoldung von 1800 Talern, und die anderen müssen für die Hälfte des Geldes doppelte Lasten tragen. Und doch möcht ich nicht dreitausend Taler Einnahme haben und an seiner Stelle sein.

HERDLEIN Seltsam ist auch, daß er ein so abscheulicher Theaterdirektor ist und bald den Geschmack des weimarischen Publikums auf Haberstroh reduziert haben wird.

GLAUBER Ein solcher Mensch erscheint mir wie ein Polyp, der seine Arme unaufhörlich nach Raub ausstreckt und mit gleicher Begierde alles und jedes an sich reißt.

STÖCKELMANN Entschuldigen Sie, aber es ist keine Kunst, jemanden zu tadeln, ja ihn zum Hunde zu machen, wenn man einen Maßstab anlegt, den der Getadelte weder anerkennt noch anerkennen kann.

GLAUBER Was gehen uns seine Maßstäbe an? Lassen wir die Tatsachen sprechen: Er ist also jetzt Wirklicher Geheimer Rat, Kammerpräsident, Präsident des Kriegskollegii, Aufseher des Bauwesens bis zum Wegbau hinunter, dabei auch *Directeur des plaisirs*, Hofpoet, Verfasser von schönen Festivitäten, Hofopern, Redoutenaufzügen, Inskriptionen, Kunstwerken und so weiter, Direktor der Zeichenakademie, selbst überall der erste Akteur, Tänzer, kurz, das Faktotum des Weimarischen und, so Gott will, bald der Majordomus sämtlicher Ernestinischer Häuser, bei denen er zur Anbetung herumzieht. Er ist baronisiert, und an seinem Geburtstage wird die Standeserhöhung erklärt werden. Er macht ein adliges Haus, hält Lesegesellschaften, die sich

bald in Assembleen verwandeln werden, und so weiter und
so fort. Seine Gegenwart hier wird von Tag zu Tag lästiger,
und was anderswohin weiß, sehnt sich weg.
STÖCKELMANN Nun ja, er hat viele Neider.
GLAUBER Ich gehöre nicht zu ihnen. Das habe ich nicht nötig.
Außerdem habe ich das Glück, daß ich nicht in Weimar leben muß. Hier gibt es ja nicht einmal eine Universität, und
auch sonst wirkt die Stadt sehr provinziell.
MODERATOR Ich muß sagen, das überrascht mich. Ich hätte
gedacht, daß die Bewohner dieser Idylle von Glück sagen
können. Der herrliche Park an der Ilm, die reizende Umge-
bung . . . Aber natürlich kennt man als Außenstehender die
Atmosphäre nicht so gut wie ein Einheimischer. Vielleicht
können Sie uns was dazu sagen, Frau von Stöckelmann?
STÖCKELMANN Leider kann ich dem Professor in diesem
Punkt nicht ganz unrecht geben. Wir in der Stadt schlafen
samt und sonders. Ich glaube, es gibt keinen ungeselligeren
Ort. Er, der Meister, nun, Sie wissen es wohl bereits, lebt
nach dem Wahlspruch: *Après moi le déluge* –
MODERATOR Nach mir die Sintflut . . .
STÖCKELMANN Und so ists ihm ganz recht, wie es ist.
MODERATOR Wir würden sicher alle gern mehr darüber erfahren, wie der berühmte Mann von seinen Mitbürgern ge-
sehen wird. Alle Weimarer sind eingeladen, sich dazu zu
äußern. Hier ist unsere Telephonnummer: 03643-2001.
Bitte rufen Sie uns an. Je kürzer Sie sich fassen, desto besser.
Ich wiederhole: Wir sind zu erreichen unter der Nummer
03643-2001. Liebe Zuschauer, bleiben Sie dran, es kann
noch spannend werden. Und nun die Werbung.

Die folgenden Werbespots werden eingespielt.

*Eine Neuheit, die dem Geschmack und der Bequemlichkeit al-
ler Damen schmeicheln wird, ist die von Doctor Stobwasser in*

Braunschweig erfundene Kaffeemaschine, worin der Kaffee durch Aufguß mit Hülfe des darin befindlichen Filtrier-Apparats sogleich im Zimmer bereitet wird. Die Maschine ist fein lackirt und kann als eleganter, geschmackvoller Tischaufsatz angesehen werden. Zu einer Portion, silberartig polirt mit Bronze-Verzierung, 7 Reichsthaler, dieselbe mit einem schönen Lack versehen, 8 Reichsthaler, zu 2 Quart ohne Lampe neun Reichsthaler 16 Groschen, zu haben bei unserem Weimarer Kommissionär Cräjelius im Schwanen.

Aus dem jährigen Wunderbaum, der in Ostindien wild wächst, wird durch Auspressen oder Kochen das ächte Wunderbaumöl, nicht zu verwechseln mit dem gewöhnlichen Palmöl, gewonnen. Man erhält es gewöhnlich aus Indien in Fässern von zwölf Bottles. Eine frische Ladung ist soeben in der Hofapotheke eingetroffen, und die Bouteille kostet nur $1^{3}/_{5}$ Gulden. Man gebraucht es als zuverlässiges Mittel bei hartnäckigen Verstopfungen als Purgirmittel, zum Abtreiben des Bandwurms und bei anderen Zufällen.

Aus der Stadt Sonnenberg im Herzogtum Meiningen und aus den benachbarten Ortschaften kommen die berühmten Sonnenberger Waaren aus Holz und Bosirteig, die nicht allein zum wirtschaftlichen Gebrauche, sondern auch und vorzüglich als Spielwerk für Kinder dienen. Eine mannigfaltige Auswahl davon findet sich, bei recht mäßigen Preisen, im Holzwaarengeschäft von Heinrich Stölzel's seliger Witwe am unteren Graben.

MODERATOR Weiter gehts mit unserer Telephon-Umfrage.
MÄNNLICHE TELEPHONSTIMME Eines kann ich Ihnen als alter Weimarer sagen: Sie würden Mühe haben, alle die Torheiten zu glauben, die er und der treue Gefährte seiner Ausschweifungen, der Herzog, zusammen begehen.

WEIBLICHE TELEPHONSTIMME Für Weimar taugt er nicht mehr. Ich glaube im Gegenteil, daß das Gelecke an den jungen Mädchen dem Herzog und der Stadt nicht die besten Eindrücke gibt. Ich kann Ihnen gar nicht sagen, wie uns vor dem gewöhnlichen Troß seiner Buhlereien ekelt.
MODERATOR Das sind ja starke Töne, Frau von Stöckelmann. Möchten Sie etwas dazu sagen?
STÖCKELMANN Es ist leider wahr, in Weimar haßt man ihn sehr. Ich möchte ihn gern entschuldigen, aber in diesem Punkt finde ich nichts. Es wird ihn gewiß einst gereuen, so gehandelt zu haben. Das ist alles, was ich für ihn sagen kann. Der Herzog und er, eine gemeinschaftliche Maitresse, das wäre *abominable*, das habe ich Mühe zu glauben. Überhaupt, sein Ton mit Frauen, die nicht streng auf sich halten, ist nicht fein.
HERDLEIN Alle Frauen sind empört über die bordellmäßige Nacktheit seiner Gedichte. Die meisten seiner Elegien zum Beispiel sind im ersten Rausche mit der Dame Vulpius geschrieben.
MODERATOR Wir sind da auf ein recht heikles Thema geraten. Ich nehme an, daß es sich um die Frau des Geheimrats handelt. Über sie wird ja viel geredet. Ich weiß nicht, was ich von diesen Gerüchten halten soll.
WEIBLICHE TELEPHONSTIMME Was heißt hier Gerüchte? Er hat sich ganz dem Mädchen, das eine allgemeine Hure vorher gewesen, geschenkt. Sie betrinkt sich alle Tage, wird dick und fett.
MÄNNLICHE TELEPHONSTIMME Neulich fand es sein Strunzel sogar für geraten, Schweine, deren Geruch ihm eine Pest ist, einzustallen. Hier indes drang sein Widerwille durch, und die Gesellen mußten sogleich geschlachtet werden.
WEIBLICHE TELEPHONSTIMME Die Frau von Arnim, die einen heftigen Streit mit ihr hatte, hat in ganz Weimar erzählt: es wäre eine Blutwurst toll geworden und hätte sie gebissen.

Und wirklich soll sie keinem Ding so ähnlich sehen wie einer Blutwurst.

MODERATOR Nun, ich denke, das genügt. Vielen Dank für Ihre Anrufe. Hat noch jemand etwas zu diesem Thema beizutragen?

STÖCKELMANN Ich kann dazu nur sagen: Es ist schade um ihn. Erst neulich kam er, mit seiner Jungfer an der Seite, an uns vorbeigegangen. Ich hielt mein Sonnenschirmchen vor, als hätte ich nichts bemerkt. Andererseits – ein unedles Weib an seiner Seite, die ihm vielleicht alles, was ihr nicht ähnlich ist, schwarz anstreicht – das erklärt mir doch auch seine Bitterkeit, seine Verachtung gegen das ganze Menschengeschlecht.

HERDLEIN Ja, man verletzt eben die Sitten nicht ungestraft! Zu rechter Zeit hätte er gewiß eine liebende Gattin gefunden, und wie anders wäre da seine Existenz! Das weibliche Geschlecht hat eine höhere Bestimmung, als zum Werkzeug der Sinnlichkeit herabgewürdigt zu werden. Ach, wohin ist er gesunken! Das Glück hat ihn verzogen und die Weiber. Er hat geschwelgt, ohne zu genießen; genommen, ohne zu geben. Ob je in seinem Herzen der reine Ton der Liebe wieder erklingen wird?

MODERATOR Schwer zu sagen. Ich frage mich allerdings auch, ob das, was wir hier gehört haben, nicht auch mit dem speziellen Klima dieser Stadt zu tun hat. Anscheinend geht es da doch nicht immer so harmonisch zu, wie man denken sollte.

BIRNBAUM Allerdings. Ich meine sogar, Weimar liegt in einem schändlichen Pfuhl. Es ist der Ort nicht, an dem ich selig werden könnte; denn alle Weisen der Welt könnten dort, wie mir scheint, nur einen sehr schlechten, verhaßten Staat hervorbringen.

STÖCKELMANN Auch ich verliere hier zuweilen die Geduld, wenn auch aus anderen Gründen. Es gefällt mir mit jedem

Tag schlechter, und ich bin nicht willens, in Weimar zu sterben.
MODERATOR Das ist ja höchst bedauerlich. Aber so interessant es auch ist, etwas über das Innenleben der Stadt zu erfahren – allzuviel sollten wir auf diese Intimitäten doch nicht geben. Es scheint sich da oft nur um Gerüchte zu handeln.
STÖCKELMANN Sicherlich. Ich habe Ihnen gesagt, was in mir vorgeht, aber auch ich warte sehnlich auf eine Ebbe, denn die Flut des Klatschens hier ist ungeheuer.
MODERATOR Einverstanden. Ich glaube, wir haben uns nun lange genug bei den äußeren Lebensumständen des Meisters aufgehalten. Schließlich ist er vor allem ein berühmter Schriftsteller. Wenden wir uns also in der zweiten Hälfte unserer Sendung seinen Werken zu. Ich hoffe, daß sich dazu unsere Experten äußern werden. Herr Professor Glauber, bitte.
GLAUBER Um es kurz zu machen. Der Inbegriff seiner Werke ist der Abdruck einer eigennützigen, kalten Seele. Ich sehe darin eine unnatürliche Manier, die mir auch nicht einen lebendigen Tropfen gibt. Insofern hat er seinen Beruf als Dichter verfehlt.
MODERATOR Aha. Und Sie, Herr Birnbaum?
BIRNBAUM Ich frage mich nur, welch ein beispielloses Glück muß sich zu dem seltnen Talent dieses Mannes gesellen, daß er sechzig Jahre lang die Handschrift des Genies nachahmen konnte und unentdeckt geblieben ist?
MODERATOR Nun, um das herauszufinden, sind wir ja hier. Dazu können wir uns allerdings mit Pauschalurteilen nicht zufriedengeben. Am besten beginnen wir vielleicht mit jener Schrift, der unser Autor seinen ersten Ruhm verdankt. Ich meine natürlich *Die Leiden des jungen Werthers*.
Er zeigt die Erstausgabe vor.
GLAUBER Das ist ja nun schon geraume Zeit her, und doch stehe ich ganz und gar zu dem Urteil, das ich seinerzeit über

diese Scharteke gefällt habe. Ich zitiere: »Es handelt sich um einen Roman, welcher keinen anderen Zweck hat, als das Schändliche von dem Selbstmorde eines jungen Witzlings abzuwischen; einen Roman, über dessen Verfasser noch viele Eltern Ach und Weh schreien werden, wenn ihre Söhne die unsinnigen Leidenschaften ihres Herzens nicht sättigen können und Hand an sich legen. Und diese giftige Schlange ist von unsern Zeitungsschreibern angepriesen worden! Welcher Jüngling kann eine solche verfluchungswürdige Schrift lesen, ohne ein Pestgeschwür davon in seiner Seele zurückzubehalten. Und keine Zensur hindert den Druck solcher Lockspeisen des Satans?« Zitat Ende.

MODERATOR Sie hätten es also am liebsten gesehen, wenn das Buch gar nicht erschienen wäre?

GLAUBER Unbedingt. Wie sehr wäre es zu wünschen gewesen, daß die Obrigkeiten *Die Leiden des jungen Werthers* konfisziert und bei hoher Strafe verboten hätten!

BIRNBAUM So? Herr Professor möchte den Zensor spielen? Das wundert mich nicht. Ich frage mich nur, was Leute wie Sie an der Universität zu suchen haben. Polizist hätten Sie werden sollen.

GLAUBER Ich verbitte mir das! Von einem Zeitungsschreiber muß ich mir solche Ungehörigkeiten nicht bieten lassen.

MODERATOR Hier in unserer Sendung jedenfalls findet keine Zensur statt. Vielleicht können wir uns darauf einigen. Was den *Werther* betrifft – ich muß sagen, daß ich den Roman ganz spannend fand. Aber unser Autor hat ja seitdem andere Romane veröffentlicht. Ich denke da vor allem an seinen *Wilhelm Meister*. Was halten Sie davon? *Er zeigt das Buch vor.*

HERDLEIN Die Frauen darin sind von unschicklichem Betragen, und wo er dann und wann edle Gefühle in Erfahrung gebracht, die hat er alle mit einem bißchen Kot beklebt, um ja in der menschlichen Natur nichts Himmlisches zu lassen.

GLAUBER Es würde kaum der Mühe lohnen, bei dem sauberen Patron lange zu verweilen. Alter Schutt ist es, den er aus Cottas Taschenkalender zusammengetragen hat, um auf einmal in Bausch und Bogen loszuwerden, was einzeln niemand kaufen wollte. Wir sehen hier nichts weiter als eine gemeine Finanzspekulation, höchst mittelmäßige und triviale Produktionen ...

MODERATOR Gut, Herr Professor. Ich glaube, das genügt fürs erste.

GLAUBER Das Ganze ist ein Bordell, das nur zur Herberge dienen sollte für vagabundierendes Lumpengesindel. Es kanns kein ehrlicher Mensch genießen, da der Unflat die Schnauze darüber gehabt hat.

MODERATOR Schon gut, wir haben verstanden. Bitte, Frau von Stöckelmann?

STÖCKELMANN Mir ist es verdrießlich, daß man einen Roman so grob rezensieren kann. Eine feine Kritik würde ich mir gefallen lassen. Aber daß die Deutschen immer nur grob und hämisch gegeneinander sind, ist ärgerlich.

MODERATOR Dürfen wir hoffen, daß ein Roman wie *Die Wahlverwandtschaften* Gnade vor den Augen der Kritik gefunden hat, trotz des etwas heiklen Themas? Soviel ich weiß, geht es darin um Eheprobleme. *Das Buch wird gezeigt.*

HERDLEIN Also ich würde mich schämen, so ein unanständiges, unsittliches Buch geschrieben zu haben. In dem ganzen Roman ist keine Figur, an der man ein wahres Wohlgefallen haben könnte. Desto ärgerlicher wird der doppelte Ehebruch durch Phantasie, der den Knoten des Stückes ausmacht. Und was mich vollends empört, ist die scheinbare Verwandlung am Ende der Fleischlichkeit in Geistlichkeit, man dürfte sagen, die Himmelfahrt der bösen Lust.

GLAUBER Und um sich in seiner ganzen Kraft zu zeigen, muß er Blutschande, Ehebruch und Kindermord haben. Seinen

Schriften nach zu urteilen, ist er unfähig einzusehen, daß es Gegenstände gibt, die so ekelhaft sind, daß man sie mit Abscheu von sich weist.

BIRNBAUM Was wollen Sie? Der Hund frißt, was er ausgespien hat, denn in den *Wahlverwandtschaften* werden die Brocken, die übriggeblieben sind, aufgetragen. Den stinkichten Fisch für frisch gesotten durchgehen zu lassen, darf einem so erfahrenen Meister nicht schwer fallen. Doch wer mag mit solch einem Unflat sich besudeln wollen?

MODERATOR Aus Ihren Worten, meine Herren, spricht eine gewisse Animosität. Vielleicht hat das etwas mit den *Xenien* zu tun? Ich habe mir sagen lassen, daß in diesen berüchtigten Epigrammen Sie und Ihre Freunde nicht ungeschoren davongekommen sind.

GLAUBER Darum geht es nicht! Ich verteidige hier im Grunde die ganze deutsche Literatur, welche ein solcher Karrenschieberton beschimpft, und damit es fruchte, darf diesen Herren keine Wahrheit verschwiegen werden.

BIRNBAUM Aber jetzt geht es aus einem andern Ton. Jetzt werden die hocheingebildeten Herren in ihrem eigenen Fett gebraten und geträuft! Es geht nicht mehr so an, daß man alles, was nicht dieser Herren Speichel leckt, mit Füßen treten kann!

MODERATOR Donnerwetter! Sie nehmen ja kein Blatt vor den Mund. Was meinen Sie, Frau von Stöckelmann?

STÖCKELMANN Ich meine, daß es unter nicht wenigen und eben den lautesten Schreiern des Tages Mode und Ton geworden ist, ihn herabzusetzen, zu verspotten und als abgetan preiszugeben. Er hat ja nur die Wahl zwischen stupiden Bewunderern und den Narren und Extravaganten, die ihn angreifen. Er schweigt dazu, und er hat recht. Was für Zeit und Kräfte hätte er verloren, wenn er seit dreißig Jahren von allem Ungeschickten, was man über ihn gesagt und gedruckt hat, hätte Notiz nehmen wollen.

MODERATOR Naja, er hat nicht immer dazu geschwiegen. Ich habe mir notiert, was er über seine Kritiker gesagt hat. Hier: »Schlagt ihn tot, den Kerl, er ist ein Rezensent.«
GLAUBER Falsch!
MODERATOR Wie bitte?
GLAUBER Falsch. Es heißt nicht »den Kerl«, es heißt »den Hund« – »Schlagt ihn tot, *den Hund*, er ist ein Rezensent.«
MODERATOR Aha. Ich nehme an, daß das seine Beliebtheit nicht gerade gesteigert hat. Ich verstehe Ihren Unmut. Aber mal ehrlich, wo wären Sie als Kritiker, wenn es keine Autoren gäbe, über die Sie schreiben können? Zuerst sind schließlich die Schriftsteller da, und von denen leben Sie.
GLAUBER Das ist ein törichtes Argument, auch wenn man es immer wieder hört. Wer war zuerst da, die Pest oder der Arzt, der sie ausmerzt? Ebensowohl könnten Sie behaupten, der Richter lebe vom Verbrechen. In der Literatur, mein Herr, ist der Kritiker der Richter. Er entscheidet, welche Werke es wert sind, in die Geschichte einzugehen. Und in unserm Fall weiß ich alle Autoritäten auf meiner Seite: Ich nenne nur Friedrich Götter, den Begründer des Göttinger Musenalmanachs, den berühmten Friedrich Glover, und Herrn Pustkuchen-Glanzow. Das sind Namen, die man noch nennen wird, wenn der Verfasser der *Wahlverwandtschaften* längst vergessen ist.
BIRNBAUM Ich kenne die Herren, die Sie erwähnt haben, nicht. Aber was den Weimarer Meister angeht, so wollen wir aufrichtig sein und uns die Ursachen nicht verhehlen: Er ist viel zu bejahrt, um noch vor dem großen Publikum aufzutreten. Er scheint unter einer gewissen Altersschwäche zu leiden. Denn wie nun einmal die Alten gemeinhin sehr geschwätzig sind, so schwatzt auch er blind in den Tag hinein, ohne sich darum zu kümmern, was er schwatzt und warum er schwatzt, und wie andere Alte faseln, so faselt er auch.

Lieber in Zeiten aufgehört, als so unter aller Mittelmäßigkeit zur leeren Schlaffheit herabgesunken!

GLAUBER Was fällt Ihnen ein!

BIRNBAUM Das gilt auch für Sie, Herr Professor.

MODERATOR Bitte, Herr Birnbaum... Wir müssen auf unser Thema zurückkommen. Ich denke an ein Theaterstück, das als Hauptwerk unseres Autors gilt. Ganz Deutschland spricht von seinem *Faust*. Ich nehme an, daß Sie das Werk gelesen haben?
Die Ausgabe wird gezeigt.

GLAUBER Eine Unverschämtheit! Wieviel alltägliches, gemeines Geschwätz! Wars der Mühe wert, sich dem Teufel zu ergeben, um ein Studentengelage dieser Art zu sehen? Und dann diese pöbelhaften Zoten, die er so gern als Kühnheiten möchte geltend machen! Sollte nicht irgendwo ein Mann von Kraft aufstehen und sich diesem Unwesen widersetzen? Ich sage nur: Schade um Druck und Papier!

MODERATOR Sagen Sie mal, lieber Herr Professor, machen Sie sich die Sache nicht allzu leicht? Vielen Deutschen gilt der *Faust* bereits als ein klassisches Werk. Da müßten Sie schon mit beweiskräftigeren Argumenten aufwarten, wenn Sie das Publikum überzeugen wollen.

GLAUBER Gut, wie Sie wollen. Also, der arme Faust spricht ein ganz unverständliches Kauderwelsch, in dem schlechtesten Gereimsel, das je von irgendeinem Schüler versifiziert worden ist. Auch kann er nicht Deutsch, denn er sagt im Ablativ »am ersten Tag«, statt »am ersten Tage«. Mein Lehrer hätte mir den Steiß vollgehauen, wenn ich so schlechte Verse wie die folgenden gemacht hätte:
»O sähst du,« (statt: O sähest du) »voller Mondenschein«, – Mondenschein statt Mond, nur damit er sich reimt, – »zum letztenmal« (statt: zum letzten Male) »auf meine Pein...« Und so weiter. Ein Kranker, der in der Fieberhitze phantasiert, schwätzt lange nicht so albern wie dieser Faust.

MODERATOR Bitte, Herr Glauber ... Ich fürchte, wir können uns dabei nicht länger aufhalten.
GLAUBER Ja, ich weiß, ich muß mich kurz fassen. Aber, meine Damen und Herren, diesen Augias-Stall zu reinigen ist eine Herkules-Arbeit. Wozu sollte es auch nützen? Einen Neger weißwaschen zu wollen, ist ein undankbares Unternehmen. Hier hat ein berühmter Mann sich einfallen lassen, den flachesten, langweiligsten Unsinn zusammenzustoppeln, nur um zu sehen, ob sich nicht doch eine Legion von albernen Literaten und schwindelnden Lesern finde, die in diesem plattfüßigen Unsinn tiefe Weisheit und große Schönheit finden. Die berühmten Männer haben dieses mit dem unsterblichen Dalai Lama gemein, daß man ihren Caca als Konfekt auftischt und als Reliquien verehrt.
MODERATOR Danke, ich glaube, das genügt vorerst.
Ein Assistent tritt auf und flüstert dem Moderator etwas ins Ohr. Bestürzung.
Wie ich soeben erfahre, heißt es in der Stadt, der Geheime Rat sei schwer erkrankt. Die Ärzte sollen einen unglücklichen Ausgang befürchten. Das Fieber könnte ins Gehirn schlagen, und wenn ein Steckfluß dazukäme ...
Frau Herdlein, die im Laufe der Sendung ziemlich viel getrunken hat, kippt vom Stuhl. Alle bemühen sich um sie.
STÖCKELMANN Was ist mit ihr?
Sie reicht Frau Herdlein ihr Riechfläschchen. Die Angetrunkene erwacht aus ihrer Ohnmacht und steht auf. Die folgende Tirade schwankend, gelegentlich leicht lallend, teilweise nicht klar verständlich.
HERDLEIN Ja, ja, ich bete ihn an ... Das ist nicht Affektation, sondern Pflaumenweichheit ... Ich habe ihn immer angebetet, vergöttert, auch als ihn niemand rühmte und verstand. Wie eine Überschwemmung ist es über mich gekommen.
MODERATOR Rasch, ein Glas Wasser.

STÖCKELMANN Ich finde das skandalös. Abstoßend!
HERDLEIN All die süßen Worte, die er mir ins Ohr raunte ... Ich mußte mein ganzes bißchen Verstand zusammennehmen.
STÖCKELMANN So etwas in aller Öffentlichkeit! Schamlos nenne ich das.
HERDLEIN Das war der geheime, stille Wunsch meines ganzen Lebens. Wie schwer war es, ihn schweigend ein ganzes Leben lang zu verhehlen.
MODERATOR Frau Herdlein ...
HERDLEIN Lassen Sie mich! Sie haben ja keine Ahnung. Er war ewig mein einzigster, gewissester Freund, von dem ich wußte, welche Höllen er kannte, und nach tausend Trennungen fand ich ihn immer wieder!
MODERATOR Liebe Zuschauer, wir werden Sie auf dem Laufenden halten über den Gesundheitszustand des Meisters. In ein paar Minuten wissen wir mehr.
Die Werbung.

Die folgenden Spots werden eingespielt.

Die Kanthariden oder spanischen Fliegen sind in sehr kleinen Gaben ein äußerst kräftiges Heilmittel bei langwierigen Katarrhen, gegen die Gicht, bei Flüssen und Lähmungen der Glieder. Sie werden auch wegen ihrer blasenziehenden Kräfte, als ableitendes Mittel und als Remedium bei nachlassender Manneskraft geschätzt. Bei falschem Gebrauche können sie allerdings die heftigsten Entzündungen erregen. Der Rat eines geschickten Apothekers wird somit jedem Kranken willkommen sein. Man wende sich deshalb an Herrn Cornelius, den Provisor in der Apotheke zum Löwen.

Die Papiertapeten der Breitkopfschen Manufaktur in Leipzig zeichnen sich durch Schönheit der Dessins und durch üppigen

Farbenglanz aus. Ihre berühmten Iristapeten stellen ganze Landschaften in den Farben des Regenbogens dar, so daß das Kolorit unmerklich verfließet. Auch das Laubwerk ist mit Licht und Schatten versehen. Die Preise sind für die Rolle von 30 baierischen Fuß von 50 Kreuzer bis zwei Gulden, in Velouté und Iris bis zu vier Gulden, bei Christian Friedrich Thon in Ilmenau.

Man hat vor wenig Jahren ein elektrisches Feuerzeug erfunden, allein, diese sinnreiche Vorrichtung eignet sich mehr für den experimentierenden Physiker als zu allgemeinem Gebrauche. Nun hat der Hofphysicus von Reichenbach in München eine neue Art Zündmaschine gebaut, die ganz zuverlässig wirkt, in dem keine Witterung, kein Staub die Wirkung im geringsten verhindert, und so bequem, daß man sie das ganze Jahr nicht zu füllen braucht. Sie kostet 36 Gulden mit rot saffianener Tasche und ist zu haben bei Gottfried Scheel's Nachfolger in der Rollgasse.

MODERATOR Entwarnung, meine Damen und Herren, Entwarnung! Wir sind einem jener Gerüchte aufgesessen, die hier offenbar an der Tagesordnung sind. Ich freue mich, Ihnen mitteilen zu können, daß es dem großen Schriftsteller gut geht. Wir haben das nachgeprüft. Alles nur falscher Alarm! Wir können also unsere Diskussion ganz unbekümmert fortsetzen. Es ist wohl an der Zeit, daß wir ein Résumé riskieren. Dazu möchte ich der jüngeren Generation das Wort geben. Herr Birnbaum, bitte.

BIRNBAUM Ich denke, unser Mann suchte und fand seine Größe einzig darin, dem jedesmaligen Zeitgeschmack zu huldigen. Ob dieser Geschmack ein guter oder schlechter war, darauf kam es dem Dichter durchaus nicht an. Wenn man ihn nur las, sang, pries, zu den Sternen erhob, war ihm alles gewonnen.

MODERATOR Das müssen Sie schon näher begründen.

BIRNBAUM Bitte: seine Jugendjahre fielen in die empfindsame Periode, und um diesem Geschmack zu huldigen, schrieb er den *Werther*. Als dieser weichliche Geschmack einem rauhen und groben wich, schrieb er flugs seinen *Götz von Berlichingen*. Und am Ende hat er sich mit einer Lebensmaxime getröstet, der er seither treu geblieben ist. Diese Maxime ist folgende: Die innere Würde der Tugend und des Talents ist ein Bettlertrost, für den Pöbel erfunden. Ihm gilt als höchstes Gut das Los eines Adeligen. So hat er allein den Genuß, während andern allein die Arbeit zugeteilt bleibt. Er schwamm immer mit dem Strome, und immer oben wie Kork.

GLAUBER Und als die Sittenlosigkeit, die schon früher von Frankreich her eingedrungen war, durch die Französische Revolution vollends geheiligt wurde, was machte er da? Er weihete sich selbst zum ersten Opferpriester der Gemeinheit.

BIRNBAUM Unsinn! Ganz im Gegenteil! Er war immer nur ein Despotendiener. Seine Satire trifft nur die Kleinen; den Großen macht er den Hof. Seitdem ihm Napoleon das Schandkreuz ins Knopfloch gehenkt hat, beträgt er sich vollends, wie es einem solchen Legionär geziemt! Dieser Kerl ist ein Krebsschaden am deutschen Körper –.

MODERATOR Na, na, Herr Birnbaum, gehen Sie da nicht etwas zu weit?

BIRNBAUM Lassen Sie mich ausreden! Ein Krebsschaden, sage ich, und das Ärgste ist noch, daß alles ihn auf den Altar setzt und Dichterfürsten nennt. Ja, Fürsten-, das heißt, Despotendichter sollte er eigentlich heißen. Übrigens soll der Hof, wo er schon länger als ein halbes Jahrhundert angekettet liegt, der steifste, lächerlichste Hof sein, den man sich nur denken kann.

GLAUBER Ihre Anwürfe gegen das großherzogliche Haus muß ich mit aller gebotenen Schärfe zurückweisen.

MODERATOR Und Sie, meine Damen, Sie schweigen?
STÖCKELMANN Lassen wir die Leute reden. Was sie Sonderbares von ihm schwatzen, das ist, weil sie immer nur die linke Seite an ihm sehen. Und das ist auch das Verkehrteste an ihm, daß er so gerne das Verkehrteste aus sich herauswendet. Daher kommts auch, daß so unendlich wenig Menschen ihn verstehen und ihn als Menschen so schief beurteilen.
MODERATOR Frau Herdlein?
HERDLEIN Ich? Ich sage gar nichts mehr. Ich bin müde. Ich möchte nach Hause gehen.
MODERATOR Sie haben recht, wir müssen zum Schluß kommen.
BIRNBAUM Zeitverschwendung, noch mehr über diesen Herrn zu sagen, der, angstvoller als eine Maus, sich beim leisesten Geräusche in die Erde hineinwühlt, und Luft, Licht, Freiheit, alles, alles hingiebt, um nur in seinem Loche ungestört am gestohlenen Speckfaden knuppern zu können! Seit ich fühle, habe ich ihn gehaßt, seit ich denke, weiß ich warum.
MODERATOR Und damit, meine Damen und Herren, sind wir am Ende unserer Gesprächsrunde. Es ist dabei über Erwarten heiß hergegangen, zu heiß vielleicht für den Geschmack der zahllosen Verehrer des Dichters. Die Nachwelt wird darüber urteilen, wer recht behält, der Autor oder seine Kritiker. Sie und mich, verehrte Zuschauer, tröste ich mit dem Gedanken, daß das letzte Wort darüber noch lange nicht gesprochen ist. Guten Abend.

Abspann

Zuerst, über dem ersten Zitat, Standbild: Goethe im Tode. Skizze nach der Natur von F. Preller. Dann ein kurzer Film von der Beerdigung; eine Kutsche am Friedhof, Aufnahmen von der Fürstengruft, vielleicht bei Regen. Durch Filter verzerrte Trauermusik. Verschiedene Sprecher.

ERSTER SPRECHER Weimar wird nun wieder in sein altes Nichts zurücksinken, woraus es genommen ist, nun, da sein Geist zu Gott stieg.

ZWEITER SPRECHER Die Leute betrugen sich roh und ausgelassen. Der Zug war höchst unordentlich und bunt durcheinandergemischt. Die Leiche selbst in dem alten Leichenwagen ohne Blumen, und nur zwei Kränze. Vor dem entsetzlichen Menschenlärm hörte man kein Glockengeläute. Alle Gesichter kalt und teilnahmslos, nirgends eine Spur von Rührung. So ward Deutschlands größter Dichter beerdigt. Es war schneidend kalt und ein rauher Wind. Überall erzählte man von den Ungezogenheiten des Volkes.

DRITTER SPRECHER Mir ist nichts widerwärtiger als die Zudringlichkeit, mit der man jetzt dem Toten noch auf den Leib rückt und von ihm verlangt, daß er ein ganz anderer hätte sein sollen, als er war, das heißt: nicht Goethe. Die eine Partei verlangt, er hätte Kirchenlieder und Erbauungsbücher, die andere, er hätte Turngesänge und Hambacher Reden schreiben sollen. Während ganz Europa seinen Tod beklagt, hätten diese Unsinnigen nicht übel Lust, seine Asche aus der Fürstengruft zu Weimar herauszureißen und in alle Winde zu zerstreuen. Solcher Wahnsinn ist doch nur in Deutschland möglich!

Schlußbild

Weiße Schrift auf schwarzem Grund, mit faksimilierter Unterschrift Goethes:
 Die lassen mich alle grüßen und hassen mich bis auf den Tod!

Abspann. Rollschrift

Alle Äußerungen der Studiogäste über Goethe sind authentisch. Die Zitate stammen von den folgenden Zeitgenossen:

Bettina von Arnim – Johann Baptist Bertram – Ludwig Börne – Karl August Böttiger – Heinrich Christian Boie – Friederike Brun – Karl Ludwig Fernow – Georg Forster – Eberhard von Gemmingen – Friedrich Glover – Johann Melchior Goeze – Pauline Gotter – Johann Diederich Gries – Heinrich Heine – Johann Gottfried und Karoline Herder – Wilhelm von Humboldt – August Wilhelm Iffland – Friedrich und Helene Jacobi – Karl Ludwig und Henriette von Knebel – Christian Gottfried Körner – Helene von Kügelgen – Rahel Levin – Kaspar Friedrich Manso – Wolfgang Menzel – Friedrich Müller – Christoph Friedrich Nicolai – Franz Ludwig Passow – Ernst von Pfuel – Johann Friedrich Pustkuchen – Johann Friedrich Rochlitz – Johann Daniel Sander – Karoline Schelling – Friedrich und Charlotte Schiller – Charlotte von Schimmelmann – Friedrich und Dorothea Schlegel – Johanna Schopenhauer – Wilhelmine Schütze – Martin Spann – Charlotte von Stein – Karl von Stein – Dorothea Stock – Elias Stöber – Friedrich Leopold Graf von Stolberg – Christiane Vulpius – Christoph Martin Wieland – Johann Georg von Zimmermann

Über den Anachronismus

Eine Nachbemerkung

Mit wachsender Beschleunigung dessen, was einst Fortschritt hieß, nimmt auch die Ungleichzeitigkeit zu. Die Zeiten sind vorbei, in denen man sich einbilden konnte, ein Leben auf der Höhe der Zeit ließe sich leben. An dieser Illusion halten nur noch die Fundamentalisten des Fortschritts fest: gläubige Anhänger der Avantgarde und verbissene Techno-Freaks, die nun ihrerseits, ohne es zu merken, einen stark asynchronen Eindruck machen. Der Rest der Menschheit ist sich darüber im klaren, daß es kein Leben gibt, das mit dem Signal des Normalfrequenz- und Zeitzeichensenders DCF77 synchron wäre. (Schon der Begriff des Zeitgeists enthält in diesem Sinn eine hochstaplerische Behauptung, die bezeichnenderweise nur noch in Illustrierten erhoben wird.) Somit schleppen wir eigensinnig unsere Restbestände mit; wir haben längst begriffen, daß sie zu unseren wichtigsten Ressourcen gehören. Aus diesem Grund zieht der Systemtheoretiker in die Altbauwohnung, der Waffenexperte geht in die Oper und der Chip-Designer entwickelt eine Schwäche für buddhistische Weisheitslehren.

Der Anachronismus ist zu einem unentbehrlichen Psychopharmakon der technischen Zivilisation geworden, als Antidot ihrer Zukunfts-Sucht. So erklärt sich auch die Zähigkeit, mit der die Künste, gleichsam als historische Wiedergänger, ihren eigenen, oft beschworenen Hinschied überlebt haben.

Dies gilt auch für eine eminent anachronistische Figur – die des Dichters. Was an ihr interessiert, ist keineswegs, wie uns die Apologeten der Literatur weismachen wollen, irgendeine Aktualität, sondern im Gegenteil, ihre Ungleichzeitigkeit. Es ist bekanntlich lange her, daß die Dichtung als Leitmedium gelten konnte. (Forscher wie Friedrich Kittler und Bernhard

Siegert haben die Geschichte ihrer Aufschreibesysteme aufgeschrieben.)

Medien waren die Dichter, die man als Klassiker klassifiziert hat, in mehr als einem Sinn. Ihre Geisterunterhaltungen stellten Vermittlungen her, die sich lange Zeit als mustergültig erwiesen haben. Ob sie, beispielsweise, die Trennung von privater und öffentlicher Sphäre erfunden oder nur registriert (aufgeschrieben) haben, ist schwer zu sagen.

Nieder mit Goethe! kann als Fingerübung zur Entzifferung solcher Zusammenhänge gelesen und gespielt werden. Goethe kann als Erfinder der »Persönlichkeit« gelten. Dabei handelte es sich zweifellos um einen Selbstversuch. Der Autor war zugleich Experimentator und Versuchsperson.

Der durchschlagende Erfolg, der seiner Selbstveröffentlichung beschieden war, hat die Neuartigkeit seiner Produktion unkenntlich gemacht, dadurch, daß er den Verstoß zum kulturellen Vorbild, die Ausnahme zur Regel, die Extravaganz zur Trivialität werden ließ.

Im emphatischen Sinn kann seine Entdeckung heute nur noch in der Schlagerproduktion Geltung beanspruchen.

Dagegen wirkte sie zu ihrer Zeit nicht nur als Innovation, sondern als Skandal. Um sich das zu vergegenwärtigen, muß man ihr Umfeld ins Auge fassen. Die zeitgenössischen Quellen liefern überwältigende Beweise dafür, daß Goethe die Mitwelt auf eine schwer faßbare Weise *gestört* hat. Was ihnen an diesem Dichter nicht paßte, das zu formulieren waren die Zeitgenossen kaum in der Lage. Die Gründe, die sie vorbrachten, erscheinen im Rückblick eigentümlich hilflos, vordergründig und widersprüchlich. Man kann von einem tiefsitzenden Widerstand sprechen, der sich nicht nur gegen das Werk, sondern gegen die Existenz dieses Autors richtete. Ein jahrzehntelanges Umkneten, Interpretieren und Nachahmen war nötig, um ihn dem lesenden Bürgertum schmackhaft zu machen. Durch die späte Kanonisation wurde er schließlich als Klassiker installiert, und die zähe Aversion, die ihm zu Lebzeiten begegnete, ist allmählich in Vergessenheit geraten. An sie will der vorliegende Versuch erinnern.

Interessanter als die Gründe für die Ablehnung der Zeitgenossen (die nicht nur die Figur des Dichters, sondern auch dessen private Komplizen und Kontrahenten, besonders aber seine Frauen traf) sind die Kanäle, die sie suchte und fand. Zwar spielt dabei auch der Buchdruck, als sozusagen offizielles Medium, eine Rolle; doch erweisen sich, je genauer man das Umfeld analysiert, die Rezensenten als bloße Sekundärquelle. Entscheidend ist das Medium des Klatsches als Nahtstelle oder Interface zwischen der privaten und der öffentlichen Sphäre. Ausschlaggebend ist das Urteil, das hinter dem Rücken der handelnden Personen gefällt wird. Diese Nachrede ist uns, wenn auch oft nur an entlegener Stelle, überliefert, weil sie nicht auf die Hintertreppe beschränkt war, sondern fortwährend in der Gestalt »vertraulicher Briefe« ausformuliert wurde. Sie konnte sich dabei einer Einrichtung bedienen, die um das Jahr 1800 erstmals zum Massenmedium wurde, nämlich der Post.

Die Kommunikationsdichte, von der die Briefarchive aus jener Zeit zeugen, macht es möglich, privateste Vorgänge von Tag zu Tag, ja gelegentlich von einer Stunde zur anderen zu verfolgen. Retrospektiv könnte man in Versuchung geraten, sie als Mitschriften von Telefongesprächen zu lesen.

Insofern gehört der Anachronismus nicht nur zum Thema, sondern auch zur Methode dieser Rekonstruktion. Die Mittel, die dabei zum Zuge kommen, bilden die Welt des Briefverkehrs auf spätere (und ihrerseits rasch alternde) mediale Formate wie das Hörspiel und die Fernseh-Show ab, die es erlauben, das historische Material zu schneiden, zu kopieren, zu kleben und zu moderieren.

Was übrigbleibt von den Klassikern, ist vielleicht jener Rest, der für uns als ungleichzeitige Ressource in Betracht kommt.

Eine Probe aufs Exempel kann hier gemacht werden. Bisher jedenfalls ist es dem massiven Einsatz der elektronischen Simultanmedien nicht gelungen, uns die anachronistischen Geister, die wir Dichter nennen, auszutreiben.

Über die Verfinsterung der Geschichte

*Zwei Dialoge aus dem 19. Jahrhundert,
eingerichtet für die Gegenwart
Nach Alexander Herzens Buch*
Vom anderen Ufer

Erster Dialog
Vor dem Gewitter

Der elegante Herr mit dem dunklen Backenbart, der dort drüben, an die Reling gelehnt, in den bläulichen Dunst hinausblickt, könnte ein französischer Aristokrat sein, oder ein britischer Archäologe, oder ein Naturforscher aus der Schweiz. Man sieht ihm kaum den Radikalen an, den die russische Regierung in ihm vermutet. Er heißt Alexander Herzen, und es ist jetzt genau ein Dreivierteljahr her, daß er seine Heimat verlassen hat. Herzen ahnt nicht, daß dies ein Abschied für immer war; daß er in der Geschichte der russischen Revolution eine bedeutende Rolle spielen, aber in der Pariser Emigration sterben wird, als ein umstrittener und unglücklicher, verhaßter und berühmter Mann, über dessen Werk sich die Nachwelt noch anderthalb Jahrhunderte nach seinem Tod den Kopf zerbrechen sollte.

Das Wetter an diesem 12. November 1847 ist gut; der kleine Dampfer auf der Fahrt von Livorno nach Civitavecchia ist bequem; schon taucht im Dunst des schwülen Tages die Nordspitze von Elba auf. Herzen liebt Italien, er freut sich auf Rom. Dennoch macht er keinen sorglosen Eindruck. Er ist reich, er kann tun und lassen, was er will. Doch obwohl er kaum fünfunddreißig ist, wirkt er nicht sehr jugendlich, eher wie ein Grübler. Ist er von den Jahren gezeichnet, die er in den Gefängnissen des Zaren und in der sibirischen Verbannung zubringen mußte? Aber mit diesen Erfahrungen ist er, wie viele seiner Generationsgenossen, recht gut fertiggeworden. Nein, es müssen andere Schatten sein, die ihn heimsuchen.

Er ist jetzt nicht mehr allein. Ein junger Mann, der wie ein Student gekleidet ist – er trägt einen schwarzen Hut und eine samtene Jacke, eben noch hat er im Rauchsalon einen Kaffee getrunken –, offenbar eine Reisebekanntschaft, ist zu ihm aufs Deck hinausgetreten. Die beiden unterhalten sich angeregt. Es scheint sich um ein philosophisches Gespräch zu handeln. Oder geht es um Politik? Wir brauchen den beiden nur eine Weile zuzuhören, um zu erfahren, was Alexander Herzen bedrückt, und was seinen jungen Freund beschäftigt. Wer weiß, vielleicht geht es uns etwas an, auch wenn die Unterhaltung auf dem Dampfer inzwischen fast hundertfünfzig Jahre zurückliegt.

DER JUNGE MANN ... Nun gut, Sie sehen die Dinge auf Ihre Weise. Ängstlich sind Sie nicht, das gebe ich zu; es ist viel Kraft und Wahrheit in dem, was Sie sagen, und es fehlt Ihnen nicht an einem schneidenden Humor. Aber Sie werden mich nie auf Ihrer Seite finden.
HERZEN Und warum nicht?
DER JUNGE MANN Weil ich keine Lust habe, mich zu beruhigen. Weil ich nicht glaube, daß man so leichten Kaufs davonkommt. Und weil ich nicht, wie Sie, in aller Ruhe auf eine Welt blicken will, die sich in Aufruhr befindet. Ich bin schließlich nicht Goethe.
HERZEN Jetzt werden Sie bösartig. Aber das trifft mich nicht. Sie hadern mit dem Leben, weil es Ihnen nicht mehr gibt, als es zu geben hat. Ein kindischer Vorwurf, wenn Sie mich fragen.
DER JUNGE MANN Ich denke nicht daran, mich mit dem gegenwärtigen Zustand abzufinden. Es ist mein gutes Recht, darunter zu leiden. Ich empöre mich, weil ich mich empören will. Ich habe nicht die Absicht, Frieden zu schließen.
HERZEN Frieden schließen! Ich wüßte nicht, mit wem. Einen solchen Frieden gibt es nicht. Insofern haben Sie recht. Aber daß Sie darauf bestehen, unter allen Umständen zu leiden, finde ich verdächtig. Haben Sie nie daran gedacht, daß sich hinter diesem Wunsch auch eine gehörige Portion Eitelkeit verbergen könnte? Der Mensch liebt den Effekt, er spielt gern eine Rolle, am liebsten eine tragische. Leiden macht

sich immer gut, es setzt eine höhere Sensibilität voraus. Und außerdem . . .

DER JUNGE MANN Außerdem? Sagen Sie es schon!

HERZEN Außerdem kann in diesem Leiden ein gerüttelt Maß an Passivität und Selbstmitleid, um nicht zu sagen: Feigheit stecken.

DER JUNGE MANN Feigheit! Sie reden von Feigheit?

HERZEN Nehmen Sie mir das Wort nicht übel. Ich meine nur: Manche Leute haben eine derartige Angst vor der Wahrheit, daß sie lieber darauf verzichten, zu erforschen, wie die Dinge stehen. Sie ziehen es vor, zu leiden, das erspart ihnen die kritische Wahl. Das Leiden beschäftigt sie, es lenkt sie ab, es tröstet sie sogar . . . Es ist ein Versteck, in dem man sich einrichten, in dem man seine kindischen Träume weiterträumen kann.

DER JUNGE MANN Meinen Sie mich?

HERZEN Ja. Die Geschichte ist nicht so verlaufen, wie Sie sich's erwartet hatten; sie hat sich um Ihre persönlichen Phantasien nicht gekümmert; sie ist zur Tagesordnung übergegangen, und deshalb sind Sie beleidigt.

DER JUNGE MANN Das, was Sie meine persönlichen Phantasien nennen, teile ich mit tausend anderen. Sie tun gerade so, als hätte ich mich in eine private Sackgasse verrannt, als wäre es eine Nervenkrankheit, worunter ich leide. Aber mit mir leidet eine ganze Generation. Je mehr einer ahnt, was uns bevorsteht, desto schlimmer für ihn. Wir langweilen uns. Das Bewußtsein unserer moralischen Machtlosigkeit lastet auf uns. Es ist, als wären wir vor der Zeit alt geworden, weil wir nämlich niemanden und nichts haben, worauf wir unser Vertrauen setzen könnten. Und aus diesen Gründen kann ich mir Ihre Haltung nicht zu eigen machen.

HERZEN Weil ich nicht in Ihr Klagelied einstimmen will?

DER JUNGE MANN Weil mir Ihr Gleichmut suspekt vorkommt. Er sieht nach erkalteter Verzweiflung aus, nach der Indifferenz eines Menschen, der nicht nur jede Hoffnung eingebüßt hat, sondern dazu auch noch die Hoffnungslosigkeit. Ihre Ruhe ist eine unnatürliche Ruhe.

HERZEN Glauben Sie, die Zustände, unter denen wir leben, bedrücken mich weniger als Sie? Der Körper dieser Gesellschaft ist alt geworden, er spricht auf keine Arznei mehr an. Wenn unsere Kinder und Kindeskinder wieder aufatmen sollen, dann muß diese Welt zu Grabe getragen werden. Aber die meisten Zeitgenossen versuchen im Gegenteil, sie um jeden Preis zu heilen. Natürlich ist es kein Vergnügen, in einer Zeit der Agonie zu leben. Aber wir machen die Sache nur schlimmer, wenn wir uns auf die alten Beschwörungsformeln verlassen. Nein, mit Alchimie und mit Wundermitteln ist hier nichts auszurichten.

DER JUNGE MANN Ich kann mir denken, was Sie meinen. Aber wer sagt Ihnen, daß es mich nach irgendwelchen Mysterien verlangt? Ich bin kein Esoteriker.

HERZEN Sie haben von Ihrer Generation gesprochen...

DER JUNGE MANN Ich jedenfalls sehne mich nicht nach Wundern. Ich möchte nur aus diesem kläglichen Zustand herauskommen, aus diesem Katzenjammer der Überzeugungen, aus diesem Chaos, in dem kein Mensch mehr Freund und Feind unterscheiden kann. Es ist mir einfach zuwider, überall Folterknechte und Gefolterte zu sehen. Das ist alles. Man braucht keine übernatürlichen Gaben, um einzusehen, daß es widerwärtig ist, einen Bettler auszurauben oder sich neben einem Verhungernden vollzufressen; daß Mord Mord bleibt, ganz gleich, ob er in einer finsteren Gasse begangen wird oder am hellen Tag, vor den Augen aller, bei einem Trommelwirbel, auf einem öffentlichen Platz; und daß es unerträglich ist, wenn die gleichen Leute, die von ihren hehren Prinzipien faseln, die niederträchtigsten Schweinereien begehen.

HERZEN Sie haben vollkommen recht, aber damit sagen Sie nichts Neues.

DER JUNGE MANN Das ist es ja eben! Schon die alten Griechen wußten das, und seitdem werden diese Weisheiten unaufhörlich gepredigt. Die Pfarrer verkünden sie von den Kanzeln, die Politiker berufen sich darauf, die Moralisten werden nicht müde, sie zu wiederholen. Alle reden vom Frieden und von der Menschlichkeit – niemand widerspricht ihnen, und niemand handelt danach.

HERZEN Unter uns gesagt, es ist nicht schade darum. Alle diese Predigten, alle diese Lehren, die man uns von oben herab erteilen will, gehen ins Leere. Niemand kann diesen Forderungen gerecht werden; der simple Alltag behält ihnen gegenüber allemal recht. Die selbsternannten Lehrer merken gar nicht, wie sie Realität hinter sich lassen. Nehmen Sie nur unsere eigene Epoche als Beispiel! Eine Minderheit unter uns hat sich an eine Umwälzung gemacht, der weder sie selber noch die Völker gewachsen waren. Die fortgeschrittensten Geister haben gemeint, es genüge, den Menschen zu sagen: »Laßt alles im Stich und folgt uns nach!« – und schon würde alles in Bewegung kommen. Sie haben sich getäuscht. Das Volk kannte sie ebensowenig, wie sie das Volk kannten. Ohne zu bemerken, daß ihnen niemand folgte, wollten sie das Kommando übernehmen und die Bewegung anführen. Als sie sich umsahen, begannen sie den Zurückgebliebenen zuzuwinken, sie heranzurufen, sie mit Vorwürfen zu überschütten. Alles vergebens. Die Massen verstanden ihre Sprache nicht.

Bedenken Sie, wieviel Mühe es gekostet hat, die Reste des Feudalismus loszuwerden! Vielen Menschen erscheint das, was sie erreicht haben, als ein recht glücklicher Zustand. Deshalb fürchten sie sich vor jeder Veränderung. Die Macht der Gewohnheit ist groß. Der Horizont ist geschrumpft. Das Denken hat seinen Schwung verloren. Der Wille ist schwach.

DER JUNGE MANN Das mag schon sein. Nur – Sie vergessen, daß es die anderen gibt. Sie sehen nur die Zufriedenen, denen ihr jetziger Zustand gerade recht ist. Aber die armen, unentwickelten Völker, die hungrig und zurückgeblieben sind, die einen ausweglosen Kampf gegen die Not führen – die vergessen Sie. Und Sie vergessen uns selber. Was wird aus uns, die wir, unvorsichtig genug, vorausgeeilt sind, um die Marksteine einer neuen Welt aufzurichten? Wahrscheinlich werden wir nicht einmal ihre Fundamente zu sehen bekommen. Aber eines ist uns aus den Jahren, die uns zwischen den Fingern zerronnen sind, geblieben, und das ist der Glaube an die Zukunft. Eines Tages, auch wenn wir dann schon lange tot sind, wird das neue Haus erbaut werden.

HERZEN Vielleicht. Aber woraus schließen Sie, daß diese neue Welt ausgerechnet nach unseren Bauplänen errichtet werden wird? Ich fürchte, unseren Nachkommen wird es ganz gleichgültig sein, was wir uns ausgedacht haben; sie werden sich nicht um unsere Einbildungen kümmern.

Der junge Mann schüttelte unzufrieden den Kopf und sah eine Weile auf das Meer hinaus. Kein Hauch regte sich auf dem Wasser. Doch hinter dem Heck zog eine schwere Wolke unmerklich über den Masten auf, so daß der Qualm des Dampfers, der sich am Himmel ausbreitete, mit ihr eins wurde. Das Meer verdunkelte sich. Die schwüle Luft gab keine Erfrischung.

DER JUNGE MANN Es reicht Ihnen also noch nicht, daß Sie mir die Zuversicht genommen haben – Sie wollen mir auch noch den letzten Fetzen aus der Hand reißen, an dem ich mich wärme. Sie sind schlimmer als ein Straßenräuber! Ich zweifle an allem. Nicht einmal die Zukunft wollen Sie mir lassen. Sie sind der Dieb der Hoffnungen, der Mörder der Träume – der reinste Macbeth sind Sie!

HERZEN Sie übertreiben. Ich bin nur ein bescheidener Chirurg, der das wilde Fleisch herausschneidet.
DER JUNGE MANN Und ein krankes Glied amputiert, ohne daß er es durch ein gesundes ersetzen könnte.
HERZEN Aber eine solche Operation kann einem Menschen das Leben retten!
DER JUNGE MANN Und wozu, wenn ich fragen darf? Sie können mir ja nicht einmal sagen, wo unsere Aufgabe liegt. Wo ist die Fahne, unter der es sich zu kämpfen lohnt? Woran können wir noch glauben?
HERZEN Oh, wir glauben immer noch an alles mögliche – nur nicht an uns selber. Sie sind darauf aus, eine Fahne zu finden. Ich dagegen möchte alle Fahnen loswerden. Sie verlangen einen Zeigestock. Aber so etwas gibt es nur in der Schule. Sie sind zu alt für solche Kindereien. Niemand hat das Recht, sich dümmer zu stellen, als er ist.
DER JUNGE MANN Aber wenn auch die Zukunft nicht uns gehören soll, dann waren all unsere Anstrengungen nur eine komische Episode, dann hat unser Denken nur zu Illusionen geführt.
HERZEN Das ist möglich.
DER JUNGE MANN Kurzum, die Zukunft lacht uns aus, und in der Gegenwart haben wir nichts verloren. Ich komme mir vor wie auf einem untergehenden Schiff. Wenn Sie recht hätten, dann bliebe uns nichts anderes übrig, als mit gekreuzten Armen zu warten, bis das Wasser über uns zusammenschlägt – und wem das zu langweilig ist, wer Mut genug hat, der kann ins kalte Wasser springen.
HERZEN Das ist immerhin ein kleiner Unterschied, ob man sich durch Schwimmen rettet oder ob man ertrinkt! – Übrigens, wer sagt Ihnen denn, daß es keinen anderen Ausweg gibt? Die Gesellschaft, mit der wir es zu tun haben, liegt in den letzten Zügen. Seit dem Jahr 1830 schleppt sie sich nur noch mühsam dahin. Natürlich klammert sie sich an ihr

bißchen Leben, natürlich versucht sie, ihre Krankheit noch einmal abzuschütteln. Für einen kurzen Augenblick des Genusses würde sie alles geben, doch nicht einmal das gelingt ihr. Deswegen blickt sie auch so greisenhaft gleichgültig auf Kommunisten und Jesuiten, auf Pastoren und Jakobiner, auf die Brüder Rothschild und auf die Menschen, die vor Hunger sterben. Und was hält sie in ihrer zusammengekrampften Hand? Ein paar Geldstücke, für die sie bereit ist, zu sterben oder zum Mörder zu werden. Soll dieser Greis in seinem Asyl an Altersschwäche sterben – ihm ist nicht mehr zu helfen.

DER JUNGE MANN Und was wird aus uns? Sollen wir uns aufs Warten verlegen? Oder sollen wir nach Amerika auswandern?

HERZEN Um aus den alten Ziegeln neue Häuser zu bauen? Ach, hören Sie mir auf mit Ihrem Amerika! Das ist nur eine verbesserte Neuauflage jenes alten Textes, den wir nur allzugut kennen.

DER JUNGE MANN Am liebsten würde ich in die Vergangenheit emigrieren. Ich beneide oft die Männer der Französischen Revolution. Sie wußten noch, wofür sie kämpften.

HERZEN Und sie endeten auf dem Schafott, nachdem sie andere aufs Schafott gebracht hatten.

DER JUNGE MANN Sie wußten jedenfalls, wofür sie starben.

HERZEN Sie haben die Zeit der großen Enttäuschungen nicht mehr erlebt. Ihre Aufgabe war riesenhaft, sie war furchtbar. Kaum hatten sie gesiegt, da schleppte man sie auf die Guillotine. Übrigens war dies das Beste, was ihnen passieren konnte.

DER JUNGE MANN Sie sind zynisch. Wenn sie überlebt hätten...

HERZEN Dann hätten sie erkennen müssen, daß ihre Sache fünfzig Jahre später nicht um einen Zoll vorangekommen ist, daß ihre Ideale Ideale geblieben sind, und daß es nicht genügt, die Bastille zu zertrümmern, um ihre Insassen zu freien Menschen zu machen.

DER JUNGE MANN Wollen Sie im Ernst behaupten, alles, was sie getan haben, sei umsonst gewesen?

HERZEN Das nicht. Ich meine nur, daß es keinen Sinn hat, die Erfahrungen zu ignorieren, die wir gemacht und für die wir bezahlt haben. Der Gang der Dinge hat unsere Erwartungen und Theorien Lügen gestraft. Das dämonische Prinzip der Geschichte ist mit einem Hohngelächter über die revolutionäre Wissenschaft hinweggegangen. Die Republik brachte einen Napoleon hervor, und die Revolution von 1830 mündete in einen Börsencoup.

DER JUNGE MANN Ihre Geschichtsphilosophie hat etwas Empörendes. Das Leben der Völker wird, wenn man es so wie Sie betrachtet, zu einem müßigen Sandkastenspiel. Man schaufelt darin herum, man klebt ein Steinchen ans andere, und wenn man damit fertig ist, bricht alles wieder zusammen. Die Leute krabbeln aus den Ruinen hervor, sie fangen an, das Trümmerfeld aufzuräumen und bauen aus den Latten, dem Moos und den herabgestürzten Kapitälen neue Hütten, die ebenso baufällig wie die alten sind. Und nach ein paar Jahrhunderten schwerer Arbeit kommt der nächste Stoß, wieder stürzt alles ein, und man ist soweit wie zuvor.

HERZEN Darf ich Sie an Shakespeare erinnern? Er hat die Geschichte ein langweiliges Märchen genannt, das von einem Idioten erzählt wird.

DER JUNGE MANN Damit kann ich mich nicht abfinden.

HERZEN Weil Sie immer nur ein fernes Ziel im Auge haben, statt auf das zu blicken, was vor Ihren Füßen liegt. Ich halte das für einen Fehler. Sie verlangen, daß unbedingt alles, was Sie tun, einen Sinn haben soll. Aber was bedeutet das? Wozu braucht der Baum seine üppigen Blüten, wozu braucht die Blüte ihren betäubenden Duft, wenn das alles wieder vergeht? Die Natur stellt sich solche ängstlichen Fragen nicht. Sie weiß das Vergängliche zu schätzen. Sie geht in jedem Augenblick bis an die äußerste Grenze des Möglichen, sie strebt nach dem höchsten Genuß, nach dem intensivsten Geruch. So ist es auch mit der historischen Welt, so ist es auch mit unserem Denken. Es kennt keine Grenzen, und immer bringt es etwas Unerwartetes, etwas Unvorhergesehenes hervor. Wer hätte im alten Rom gedacht, daß die Zukunft den Barbaren gehören würde! Die römische Zivilisation stand weit höher als alles, was die wilden Germanen kannten. Aber ungeachtet ihrer Blüte war sie an ein Ende gelangt, und die Barbaren triumphierten über sie. Die Evolution kümmerte sich keinen Deut um die weisen Ideen der spätantiken Philosophen. Sie ging über diese Ideen hinweg und suchte das Neue. Dazu war ihr jedes Mittel recht, auch die Gewalt. Glauben Sie, die Römer in ihren gutgeheizten Thermen hätten darin einen Sinn erkennen können?

DER JUNGE MANN Sie erwarten offenbar eine neue Völkerwanderung.

HERZEN Ich spiele nicht gern den Wahrsager. Wer wollte die tausend Faktoren bestimmen, aus denen die Zukunft hervorgeht. Soviel Zufälle, Improvisationen, Theatercoups! Wer weiß, was uns bevorsteht.

DER JUNGE MANN Vielleicht sind die Russen die neuen Barbaren, die das alte Europa heimsuchen werden.

HERZEN Durchaus möglich.

DER JUNGE MANN Dann wären unsere ganzen klugen Theorien zu nichts nütze gewesen, und wir wären wieder bei der alten Tretmühle angelangt! Die ewige Wiederkehr des Gleichen! Rhea, die Göttermutter, die ununterbrochen Kinder gebärt, unter furchtbaren Wehen, Kinder, die der alte Vater Saturn dann zum Frühstück verspeist! Lohnt sich das?

HERZEN Lohnt sich das? Lohnt sich das? Sie fragen wie ein Buchhalter. Warum sind Sie so ärgerlich darüber, daß nicht jede Partie in diesem Spiel zu Ende gespielt wird? Das wäre im übrigen entsetzlich langweilig. Wer möchte schon ewig leben? Zugegeben, die Gefühle eines Fünfzigjährigen sind nicht mehr ganz so frisch wie die eines Jünglings. Aber ist das ein Grund zur Verbitterung? Jede historische Epoche hat ihre Jugend, jede malt sich neue, frische Hoffnungen aus. Aber nur die Gegenwart gehört ihr, nicht die Zukunft. Das Spiel läßt keine Dauer zu. Garantien werden nicht gegeben. Wozu sollte es auch gut sein, den Frühling gegen den Herbst, den Sommer gegen den Winter auszuspielen?

DER JUNGE MANN Sie werden nicht müde, die Geschichte mit der Natur zu vergleichen. Aber sehen Sie nicht, daß dieser Vergleich hinkt? Sie vergessen, daß sich durch alle historischen Veränderungen und Verwicklungen ein roter Faden zieht, der sie miteinander verbindet. Dieser rote Faden ist das, was wir Fortschritt nennen. Oder halten Sie auch das für eine Illusion? Am Ende leugnen Sie gar, daß es etwas Derartiges gibt?

HERZEN Nein. Der Fortschritt ist der Moloch, für den wir arbeiten. Aber fragen Sie sich einmal, was er den zu Tode erschöpften und dem Untergang geweihten Massen verspricht! Ein herrliches Leben verheißt er ihnen, aber erst dann, wenn sie in den Fabriken und in den Bergwerken zugrunde gegangen sein werden. Ja, der Weg ist lang, und die Erschöpften brechen unterwegs zusammen. Denn der Fortschritt ist unendlich. Schon das allein müßte die Menschen stutzig machen. Denn ein Ziel, das unendlich weit entfernt liegt, ist, genau besehen, überhaupt kein Ziel, sondern eine Fata morgana oder ein Trick ... Nein, unsere Entwicklung ist nichts weiter als eine Kette von Bocksprüngen, bei denen übrigens sogar unsere Defekte eine ziemlich große Rolle spielen.

DER JUNGE MANN Das ist ja ein sonderbarer Fortschritt, den Sie da beschreiben! Er gleicht eher einem Veitstanz als einem Aufstieg.

HERZEN Oh, die Natur hat alle ihre Muskeln angestrengt, um unsere Gattung hervorzubringen. Das will ich nicht bestreiten. Sie ist über die Beschränktheit des Tieres hinausgelangt. Aber dieser Sprung vorwärts hatte seinen Preis, und der Preis ist hoch. Wir haben den Zusammenhang mit der Natur verloren. Gerade darin liegt ja unsere Freiheit, auf die wir so stolz sind. Und zugleich jammern wir darüber, daß uns nun kein Instinkt mehr an der Hand führt, daß wir straucheln, und daß wir die Folgen unserer Handlungen auf uns nehmen müssen.

DER JUNGE MANN Aber wenn dieser Entwicklungsprozeß so unbestimmt und zügellos voranschreitet, wie Sie behaupten, dann kann unsere Geschichte ja in alle Ewigkeit so weitergehen.

HERZEN Oder sie kann morgen ein jähes Ende nehmen. Vielleicht werden wir schon bald an die Grenzen stoßen, die in unserer eigenen Natur liegen. Einerseits ist es nicht ausgeschlossen, daß wir es noch ein paar Millionen Jahre lang so weitertreiben. Andererseits kann ich mir durchaus vorstellen, daß unsere Geschichte morgen zu Ende geht. Es genügt eine Umwälzung, die das Unterste zuoberst kehrt, eine gasförmige Ausdünstung, die für eine halbe Stunde das Atmen unmöglich macht – und mit der Weltgeschichte ist es aus und vorbei.

DER JUNGE MANN Sie lieben es, den Teufel an die Wand zu malen. Und bei allem, was Sie sagen, kommt immer dasselbe heraus: die Vergeblichkeit unserer Handlungen.

HERZEN Sterben müssen wir alle, mein Lieber. Dieser Gedanke ist einfach, aber es fällt uns schwer, ihn zu fassen, weil er uns nicht gefällt. Und Sie müssen zugeben, daß der Tod des Einzelnen im Prinzip nicht weniger absurd ist als der Tod des ganzen Menschengeschlechts. Wir verschwinden, aber die Natur bleibt da und setzt ihr Spiel auch ohne uns fort. Wenn sie uns beerdigt hat, wird sie höchst liebevoll von vorne anfangen, bei den Farnen und Riesenechsen, und sicherlich werden ihr beim nächsten Mal noch ein paar Verbesserungen einfallen.

DER JUNGE MANN Und was folgt aus alledem?

HERZEN Daß man den Augenblick nutzen muß.

DER JUNGE MANN Dann haben wir wahrhaftig den falschesten Augenblick erwischt. Ich kenne in der ganzen Geschichte keine so würgende, lähmende Zeit wie die unsrige. Kämpfe und Leiden hat es immer gegeben, das ist wahr, aber früher konnte man doch wenigstens mit einer Überzeugung zugrunde gehen. Wir aber haben nichts, wofür wir sterben, und nichts, wofür wir leben könnten.

HERZEN Glauben Sie vielleicht, im untergehenden Rom hätte es sich angenehmer leben lassen? Können Sie sich eine aussichtslosere, grauere Zeit vorstellen?

DER JUNGE MANN Ich hätte mich taufen lassen.

HERZEN Aber die Lage der Christen war entsetzlich. Vier Jahrhunderte lang hielten sie sich in unterirdischen Gewölben versteckt, und ein Ende ihrer Leiden war nicht abzusehen.

DER JUNGE MANN Jedenfalls hatten sie ihren Glauben, an den sie sich halten konnten, und dieser Glaube hat gesiegt.

HERZEN Was sagen Sie da? Er hat gesiegt? Am Tage seines Triumphes war es mit ihm zu Ende, und der gläubige Christ dachte mit Tränen in den Augen an die Zeit der Verfolgung zurück.

DER JUNGE MANN Mit einem Wort, es ist stets so schlimm gewesen wie heute. Ein schwacher Trost!

HERZEN Ich will Sie nicht trösten. Ich will Ihnen nur klarmachen, daß unsere Zeit kein Monopol auf das Leiden und auf die Vergeblichkeit hat.

Das Gespräch stockte. Das Meer war tintenblau geworden. Heftige Böen fegten über das Deck. Von der Küste her hörte man das dumpfe Rollen des Donners. Grelle Blitze erleuchteten den Horizont. Jetzt begann es in Strömen zu regnen. Alles stürzte in die Kajüte. Die Holzverschalungen ächzten. Der alte Dampfer schlingerte blindlings durch die Dämmerung, und die Unterhaltung der beiden Reisenden fand keine Fortsetzung.

Zweiter Dialog
Nach dem Massaker

Der zwanzigste November 1848 brachte Paris ein abscheuliches Wetter. Ein schneidender Wind, vorzeitiger Schnee und Reif kündigten den Winter an. Die Armen machten sich darauf gefaßt, in ihren ungeheizten Mansarden, ohne ausreichendes Essen, ohne warme Kleidung, monatelang zu frieren.
    An diesem Tag wollte und wollte es nicht hell werden. Feuchter Schnee fiel ununterbrochen in der nebligen Luft und verwandelte sich in matschige Nässe; der Wind riß den Passanten die Hüte vom Kopf und rüttelte wütend an den Trikoloren, die zu hunderten an langen Stangen rings um die Place de la Concorde aufgezogen waren. In dichten Massen standen Truppen auf dem Platz; an der Einfahrt zu den Tuilerien war eine Art Baldachin mit dem christlichen Kreuz aufgeschlagen. Vom Garten bis zum Obelisken hin war der Platz, durch Postenketten abgesperrt, gähnend leer; Linienregimenter, Mobilgarden, Ulanen, Dragoner, Artillerie verstopften die Zufahrtsstraßen. Auf der Place Vendôme hatte sich eine Menge von Neugierigen versammelt.
    Es war neun Uhr morgens. Der junge Mann, den wir schon kennen, drängte sich durch das frierende Häufchen von Schaulustigen.

DER JUNGE MANN Herr Herzen! Welche Überraschung! Ich wußte gar nicht, daß Sie hier sind.
HERZEN Guten, Tag, mein Lieber. Sind Sie schon lange in Paris?
DER JUNGE MANN Seit ein paar Tagen.
HERZEN Und wo waren Sie die ganze Zeit?
DER JUNGE MANN In Italien.
HERZEN Nun, wie sieht es dort aus?

DER JUNGE MANN Reden wir lieber nicht davon ... Schlimmer als hier.

HERZEN Sehen Sie, sehen Sie, mein lieber Träumer und Idealist! Das habe ich kommen sehen. Natürlich konnten Sie der Verlockung nicht widerstehen. Die Februar-Revolution wird Ihnen zu Kopf gestiegen sein.

DER JUNGE MANN Das waren Tage!

HERZEN Und seither haben Sie neue Gründe für Ihre Verbitterung gefunden, nicht wahr?

DER JUNGE MANN Allerdings.

HERZEN Ich erinnere mich noch gut daran, wie Sie sich über den Stillstand in Europa beschwert haben, über diese Apathie, die über unseren Ländern lag. Wenigstens darüber können wir uns nun nicht mehr beklagen.

DER JUNGE MANN Spotten Sie nicht! Es gibt Umstände, wo einem der Witz im Halse steckenbleibt. Ein Jahr ist es her, seitdem wir uns begegnet sind; doch es ist mir, als wäre ein Jahrhundert vergangen. Zu sehen, wie sich die schönsten Erwartungen, die geheimsten Hoffnungen erfüllen; zu erleben, wie das Ersehnte in greifbare Nähe rückt – und dann so tief zu fallen! Alles zu verlieren! Und nicht im Kampf, im Ringen mit dem Feind zu unterliegen, sondern durch das eigene Versagen, die eigene Schwäche – das ist furchtbar. Ich schäme mich, irgendeinem Reaktionär zu begegnen. Die Anhänger des *Ancien régime* lachen einem ins Gesicht, und ich fühle, daß sie recht haben.

HERZEN Ich sehe, Sie sind ganz der Alte geblieben. Sie wollen lieber leiden als verstehen.

DER JUNGE MANN Ich wiederspreche Ihnen nicht. Ach, ich bin froh, Sie hier zu treffen! Wie oft habe ich mich aus der Ferne mit Ihren Argumenten herumgeschlagen, wie oft habe ich Frieden mit Ihnen geschlossen. Einmal habe ich Ihnen sogar einen langen Brief geschrieben, und jetzt bin ich froh, daß ich ihn zerrissen habe, statt ihn abzusenden. Er war voller wahnwitziger Hoffnungen. Ich glaubte, Sie ein für allemal widerlegt zu haben.

HERZEN Wenn ich unrecht behalten hätte, wäre mir wohler zumute.

DER JUNGE MANN Ich erwarte keinen Trost von Ihnen, im Gegenteil! Überzeugen Sie mich davon, daß diese Welt untergeht, daß es keinen Ausweg gibt, daß es ihr bestimmt ist, zu verkommen, mit Gras zuzuwachsen! Ich werde nicht erleichtert, sondern bedrückter als zuvor von Ihnen scheiden. Aber das will ich ja gerade! Überzeugen Sie mich, und ich nehme in Marseille den ersten Dampfer nach Amerika oder nach Ägypten. Nur fort von hier! Ich verliere den Verstand, wenn ich bleibe.

HERZEN Sie wollen nicht einmal sehen, wie es weitergeht? Sowenig Anteil nehmen Sie an einer Sache, der Sie so leidenschaftlich angehangen haben?

DER JUNGE MANN Zuviel, als daß ich neugierig wäre auf den Totentanz, der bevorsteht. Ich teile nicht die Vorliebe der Römer für solche Schauspiele. Ich will mich nicht an den Finessen der einzigen Kunst weiden, die hier noch geübt wird, der Kunst des Sterbens.

HERZEN Meine Neugierde richtet sich nach dem Wert des Schauspiels.

DER JUNGE MANN Dann kann sie nicht groß sein. Es ist eine erbärmliche Zeremonie, die sich hier vorbereitet.

Und der junge Mann zeigte auf einen ungeordneten Haufen alter Männer, der sich anschickte, die Seine-Brücke zu überqueren. Sie schlichen kläglich einher, die Mantelkrägen hochgeschlagen, mit unsicherem Fuß nach trockenen Stellen auf dem Pflaster suchend. Kein Begrüßungswort schallte ihnen entgegen, nur die gehorsamen Gewehre klirrten beim Präsentieren. Zur gleichen Zeit kam von der entgegengesetzten Seite, von der Madeleine her, ein anderes Häufchen noch sonderba-

rerer Leute näher, mittelalterlich aufgeputzt, in Mitra und Meßgewändern, von Weihrauchfässern umgeben, Rosenkranz und Gebetbuch in der Hand. Sie sahen aus wie Gespenster aus der versunkenen Zeit des Feudalismus.
Weshalb demonstrierten die einen und die anderen auf der Place de la Concorde? Die einen demonstrierten, um unter dem Schutz von hunderttausend Bajonetten, im Namen von Freiheit, Gleichheit und Brüderlichkeit, eine neue Verfassung zu verkünden, die unter den Schüssen der Armee abgefaßt, unter dem Belagerungszustand beraten worden war. Die andern demonstrierten, um dieses Produkt aus Philosophie und Revolution im Namen des Vaters, des Sohnes und des Heiligen Geistes zu segnen. Das Volk stand mürrisch dabei. Gruppen von Müßiggängern, kleine Hausierer, fliegende Händler, Ladendiener, Portiers, Kneipenkellner hatten sich in der Nähe der Juni-Säule versammelt, dort, wo das Massengrab der Gefallenen lag, die dem Massaker der Ordnung zum Opfer gefallen waren.

HERZEN Das Publikum des Kolosseums bestand aus der gleichen müßigen Menge, die sich zu den Autodafés, zu den Hinrichtungen drängte, und die heute hierhergekommen ist, um sich zu zerstreuen. Morgen werden dieselben Gaffer mit dem gleichen Eifer dabei sein, wenn man irgendeinen der Helden des heutigen Tages hängt. Aber es gibt auch eine andere, eine edlere Neugierde, der es um Erkenntnis geht, die ergründen will, wie es dahin gekommen ist, und was uns bevorsteht.

DER JUNGE MANN Was nützt es, einen Sterbenden zu untersuchen, wenn man weiß, daß es zu spät ist, ihm zu helfen?

HERZEN Ich achte einen Plinius, der in seinem Kahn sitzenblieb, um sich den bedrohlichen Ausbruch des Vesuv bis zu Ende anzusehen, ohne der Gefahr zu achten.

DER JUNGE MANN Ich verstehe, was Sie meinen, aber Ihr Vergleich überzeugt mich nicht. Es ist nicht die Gefahr, die mich vertreibt. Beim Untergang von Pompeji blieb den Menschen nichts zu tun übrig; aber hier haben wir es mit unseren eigenen Werken zu tun. Ich kann nicht müßig zuschauen, wie die Menschen, als wären sie dem Wahnsinn verfallen, sich im Kreise drehen und einander zugrunde richten, wie diese ganze Zivilisation in Chaos und Zerstörung auseinanderbricht. Gegen den Vesuv kann niemand etwas ausrichten; aber von der Geschichte kommen wir nicht los, wir sind ihre Komplizen. Wir müssen uns zu ihr äußern, und wo wir nicht eingreifen, wo wir nichts mehr ändern können, da müssen wir wenigstens durch unsere Abwesenheit protestieren.

HERZEN Wenn man Sie hört, könnte man meinen, zwischen Natur und Geschichte länge eine steinerne Wand. Aber dieser Dualismus ist vielleicht nur eine Gewohnheit unserer Sprache und unseres Denkens. Wir sind in der Natur ebenso zu Hause wie in der Geschichte, aber weder hier noch dort sind wir die Herren, die nach ihrem Gutdünken tun und lassen können, was sie wollen. Wenn wir nicht vom fünften Lebensjahr an lernen würden, daß diese beiden Reiche nichts miteinander gemein haben, so würden wir leichter begreifen, daß die Entwicklung der Natur unmerklich in die der Menschheit übergeht, daß wir hier zwei Kapitel ein und desselben Romans, zwei Phasen ein und desselben Prozesses vor uns haben. Die reine Vernunft mag ihre Normen aufstellen, wie sie will, aber weder die Natur noch die Geschichte richten sich danach. Wenn wir uns darüber im klaren wären, so würden wir danach streben, die dunklen Triebe und die verborgene Physiologie der Geschichte zu studieren und aufzudecken. Hat sich irgend jemand ernsthaft mit dieser Frage beschäftigt? Nein! Weder die Konservativen noch die Radikalen, weder die Philosophen noch die Historiker wollen etwas davon wissen.

DER JUNGE MANN Das hat die Menschen aber nicht daran gehindert, zu handeln. Wir machen Geschichte, so wie die Biene Honig bereitet, nicht aus Überlegung, sondern weil wir nicht anders können.

HERZEN Mit anderen Worten: instinktiv. Aber der Instinkt ist ein unsicherer Ratgeber. Wir haben seine ursprüngliche Treffsicherheit verloren, weil wir gelernt haben, uns auf den reflektierenden Verstand zu verlassen. Aber andererseits reichen unsere Kenntnisse nicht aus, um bewußt zu handeln und unser Schicksal vernünftig zu steuern. Wir tasten uns also voran; wir versuchen, das Milieu, das wir vorfinden, nach unseren Gedanken, nach unsern Wünschen umzuformen; und nur am Ergebnis dieser Versuche, die uns jedesmal mißlingen, können wir lernen.

DER JUNGE MANN Aber das ist es ja! Die Massen sind keineswegs bereit, aus den Fehlern der Vergangenheit zu lernen. Immer wieder werden dieselben Fehler gemacht. Wie lange dauert es, bis ein neuer Gedanke sich durchsetzen kann!

HERZEN Warum, glauben Sie, sollte das Volk gerade Ihren Gedanken verwirklichen und nicht seinen eigenen? Sind Sie überzeugt davon, daß der Plan, den Sie sich ausdenken, nicht Fehler hat, sie Sie selbst gar nicht erkennen können?

DER JUNGE MANN Vielleicht geht es nur darum, den Gedanken zu erraten, der die Völker bewegen kann, und den sie insgeheim bereits hegen.

HERZEN Das wäre ein glücklicher Zufall. Wahrscheinlicher ist es jedoch, daß Sie sich irren werden. Die Massen stecken voll geheimer Triebe, voll drängender Leidenschaften. Ihr Denken ist nicht, wie das Ihrige, mit der Phantasie entzweit, und dieses Denken bleibt nicht theoretisch, es geht immer gleich in die Aktion über. Und wenn die Massen handeln, wird es ernst. Deshalb überflügeln sie oft selbst die kühnsten Denker, reißen sie gegen ihren Willen mit sich, und lassen mitten auf dem Wege diejenigen im Stich, die sie gestern verehrt haben. Dann wieder bleiben sie hinter ihren eigenen Einsichten zurück. Sie sind stürmisch, unbeständig, rätselhaft. Aber statt diese Eigengesetzlichkeit zu studieren, statt die Physiologie der Massen zu erforschen, ihre Wege zu verstehen, werfen wir uns zu ihren Kritikern auf, versuchen sie zu belehren, und ärgern uns am Ende über ihr Tun und Lassen. Mit einem Wort, wir spielen die abgedroschene Rolle der Enttäuschten.

DER JUNGE MANN Mich empört nur eines: Der Sieg der wütenden, stumpfen, unbelehrbaren Reaktion.

HERZEN Und der glauben Sie ein Schnippchen zu schlagen, indem Sie auswandern? Ausgerechnet jetzt, wo in Europa alles gärt, wo jahrhundertealte Mauern einstürzen, wo ein Götze nach dem andern fällt, wo man selbst in Wien gelernt hat, Barrikaden zu bauen . . .

DER JUNGE MANN . . . und in Paris, sie mit Geschützen aus dem Weg zu räumen. Standgerichte, Erschießungen, Massaker. Dieses Europa kennt weder Gnade noch Auferstehung. Es hat das Ende seiner Mission erreicht. Übrigens haben Sie mir im letzten Jahr etwas Ähnliches vorhergesagt – Sie erinnern sich, auf dem Dampfer, als wir von Livorno nach Civitavecchia fuhren . . .

HERZEN Ich erinnere mich. Aber das war vor dem Gewitter. Damals haben Sie mir widersprochen, heute geben Sie mir recht. Aber so, wie Sie seinerzeit übertrieben haben, so übertreiben Sie auch heute. Nicht ruhige Überlegung hat Sie dazu gebracht, Ihre Meinung zu ändern, sondern eine momentane Verzweiflung, die aus der Ungeduld kommt. Geben Sie Ihre Rancune auf und bleiben Sie hier! Es ist besser, bis zur letzten Szene dazubleiben. Der fünfte Akt der Tragödie hat mit der Februar-Revolution begonnen. Die Wolke, die über Europa hing und niemandem frei zu atmen erlaubte, hat sich entladen, Blitz auf Blitz, ein Donnerschlag nach dem anderen – und Sie wollen fliehen, nur weil der

Marschall Radetzky Mailand besiegt und der Schlächter Cavaignac Paris erobert hat?

DER JUNGE MANN Schlimmer kann es nicht kommen.

HERZEN Sie bilden sich ein, Sie wären verzweifelt, weil die Revolution besiegt ist. Aber vielleicht irren Sie sich. Vielleicht steckt auch in Ihnen ein Konservativer. Vielleicht ist das der Grund Ihrer Verzweiflung.

DER JUNGE MANN Was wollen Sie damit sagen? Glauben Sie, ich sympathisiere mit den Henkern, mit Radetzky und Windischgraetz?

HERZEN Was sind das schon für Konservative? Radetzky kennt nur eines: alles entzweischlagen. Beinahe hätte er den Mailänder Dom in die Luft gesprengt. Glauben Sie, das sei Konservativismus, wenn wilde Kroaten österreichische Städte stürmen? Die Generäle wissen nicht, was sie tun, aber auf keinen Fall erhalten sie das Alte. Man muß auf die Substanz der Sache sehen, nicht auf die Namen, die sie sich gibt. Sie aber beurteilen alles nach der Fahne, die einer aufpflanzt. Wer für den Kaiser ist, den halten Sie für einen Konservativen, wer nach der Republik ruft, ist ein Revolutionär. Wenn es nur so einfach wäre! Es gibt auch im Lager der Republik Konservative. Die sind gefährlicher als alle andern, und ich fürchte, Sie gehören zu ihnen.

DER JUNGE MANN Vielleicht sind Sie so gut, mir zu erklären, was ich zu erhalten bemüht bin, und worin mein Konservativismus besteht.

HERZEN Die Verfassung, die da drüben feierlich heruntergeleiert wird – tut es Ihnen nicht leid, daß sie so dumm ist?

DER JUNGE MANN Natürlich tut mir das leid.

HERZEN Sehen Sie! Das habe ich mir gedacht. Aber warum haben die Herren keine klügere Verfassung beschlossen? Weil das nicht möglich ist. Weil diese altersschwache Gesellschaft gar nicht mehr imstande ist, ein Gesetz für künftige Generationen zu schreiben.

DER JUNGE MANN Je schlimmer es kommt, desto besser. Ist es das, was Sie sagen?

HERZEN Als Sie vergangenes Jahr vor lauter Empörung dieser Gesellschaft den Rücken kehren wollten, haben Sie insgeheim noch immer daran geglaubt, daß man sie mit Hausmittelchen, Wunderkuren und Reformen retten könnte; daß sie sich erneuern und dabei im Grunde die alte bleiben könnte. Das nenne ich konservatives Denken! Und im Grunde glauben Sie auch heute noch daran. Wenn Ihr Wunsch in Erfüllung gegangen wäre, und diese Nationalversammlung, die aus den Erzpriestern der Reaktion besteht, hätte eine halbwegs ansehnliche Reform zustande gebracht, was wäre dabei herausgekommen? Eine feierliche Rechtfertigung der alten Welt!

DER JUNGE MANN Nehmen Sie es mir nicht übel, aber manchmal glaube ich, Sie sind ein Sophist. Wenn Sie die geplünderten Städte gesehen hätten, die Soldateska und die Leichenhaufen, die sie hinterlassen hat, dann wären Ihnen Ihre Spitzfindigkeiten längst vergangen.

HERZEN Statt mir zu antworten, appellieren Sie an mein Mitgefühl. Nun, ein jeder von uns hat ein Herz, ausgenommen die Heerführer, die Minister, die Henker und die Richter – und die haben ein halbes Leben darauf verwenden müssen, sich jede menschliche Regung abzugewöhnen. Aber der Jammer allein tut es nicht. Neben dem Mitleid meldet sich der Wunsch, zu widerstehen, zu kämpfen, zu forschen, nach Mitteln zu suchen. Mit dem Sentiment allein sind diese Fragen nicht zu lösen. Dazu braucht es Einsicht und nicht Tränen.

DER JUNGE MANN Wollen Sie mir auch die Trauer abgewöhnen?

HERZEN Nein. Aber bedenken Sie, daß die staatsbürgerliche Pest, die wir Wehrpflicht nennen, mehr Opfer gefordert hat als alle Revolutionen. Allein bei der Schlacht von Eylau sind mehr Menschen gestorben als bei allen Aufständen Europas in den letzten Jahren. Wer auf den Barrikaden gefallen ist, der wußte wenigstens, wofür er starb. Aber die Soldaten? Wenn sie hätten zuhören können, worüber sich Napoleon und Alexander I. unterhielten, als sie sich nach den blutigen Kämpfen von Eylau und Friedland auf dem Njemen-Fluß trafen – sie hätten sich ihrer eigenen Tapferkeit geschämt. »Warum kämpfen wir miteinander?« fragte Napoleon. »Das ist doch nur ein Mißverständnis!« – »Sie haben recht«, antwortete Alexander. »Warum eigentlich? Vertragen wir uns lieber.« Und sie küßten sich. Zehntausende von Soldaten hatten einander niedergemacht und selbst in Gras gebissen – für ein Mißverständnis!

DER JUNGE MANN Das ist lange her, das war 1807. Ich aber trauere nicht um die Toten der Vergangenheit, sondern um die Februar-Revolution, die so gewaltig begonnen hat und so jämmerlich untergegangen ist. Die Republik war kein Wahn, ich habe ihre Luft geatmet – und was ist aus ihr geworden? Ich kann ihren Untergang nicht verschmerzen. Ich kann nicht verschmerzen, daß Italien nach seinem Erwachen niedergemacht worden ist, daß Deutschland, das sich in seiner ganzen Größe aufgerichtet hatte, nun von neuem seinen dreißig Großgrundbesitzern zu Füßen fällt. Es tut mir leid, daß die Menschheit wieder um eine Generation zurückgeworfen, daß die Bewegung wieder abgestorben, daß alles zum Stillstand gekommen ist.

HERZEN Dafür hat die Reaktion aber den Menschen die Augen geöffnet. Nach drei Monaten Belagerungszustand wissen die Menschen, was sie von dieser Republik zu halten haben, der Sie, mein Freund, auf den Leim gegangen sind. Das Volk glaubt nicht mehr an diese Republik, und es tut gut daran. Es ist an der Zeit, daß man aufhört, an irgendeine alleinseligmachende Kirche zu glauben. Das ist der Nutzen der Reaktion. Die Menschen sind nüchtern geworden. Sie haben begriffen, daß diese Staatsordnung nur dazu da ist, das Eigentum zu schützen. Eine Republik, die im Namen der Ordnung jeden deportiert, der ihre Lügen in Frage stellt, eine Republik, die ein stehendes Heer unterhält, das bereit ist, ohne nach den Gründen zu fragen, auf den ersten Befehl hin den Hahn abzudrücken – eine solche Republik ist eine Parodie!

DER JUNGE MANN Hinterher ist es immer leicht, scharfsinnig zu sein.

HERZEN Das war schon im Februar abzusehen, dazu bedurfte es keiner prophetischen Gaben.

DER JUNGE MANN Aber Sie können nicht leugnen, daß die Aufstände uns neue Ideen, daß sie uns Verbesserungen gebracht haben!

HERZEN Sehen Sie, wie recht ich hatte, Ihnen konservative Neigungen nachzusagen! Mit diesen Verbesserungen, die man dem Volk hingeworfen hat wie ein paar Brosamen, geben Sie sich zufrieden? Ich für meinen Teil habe nicht die Fähigkeit, zwischen Sklaverei und Sklaverei zu wählen, ebensowenig wie zwischen der einen oder der anderen Religion. Mein Geschmack ist abgestumpft, ich bin nicht imstande, diese Feinheiten zu unterscheiden. Was bringt mehr Unterdrückung, die ehrliche Monarchie oder die ehrliche Republik? Wer von beiden auch triumphiert, die Lüge oder die Gewalt, das ist kein Sieg für uns, allerdings auch kein Sieg für sie; denn alles, was den Siegern bevorsteht, ist eine Galgenfrist, in der sie sich einen guten Tag machen und nach Herzenslust ihre Beute verprassen können.

DER JUNGE MANN Und wir sollen dabei zusehen, wie klägliche Geschworene, deren Spruch nichts gilt? Ich wundere mich über Sie, und ich weiß nicht, ob ich Sie beneiden soll oder nicht. Sie besitzen einen so tätigen Geist, und dabei zeigen Sie soviel – wie soll ich es nennen? – soviel Zurückhaltung!

HERZEN Ehrlichkeit und Unabhängigkeit sind meine einzigen Götzen. Ich möchte weder unter die eine noch unter die andere Fahne treten. Ja, ich bin ein Zuschauer. Nur ist das weder die Rolle, die ich mir wünsche, noch ist es meine Natur. Es ist die Situation, in der ich mich befinde. Ich habe sie begriffen. Das ist mein Glück.

DER JUNGE MANN Wenn der Strom Sie erfaßt und in diesen Wirbel hineingerissen hätte, wenn Sie wirklich mit der Staatsmacht in Konflikt geraten wären, einen Teil Ihres Lebens in Ketten gelegen hätten und heute als Vertriebener durch die Lande zögen – dann würden Sie nicht so abgemessen und gründlich überlegen, wo heute die Grenzen der Freiheit liegen. Dann würden Sie diese Menschenherde verfluchen, Ihre Liebe würde sich in Haß, oder, schlimmer noch, in Verachtung verwandeln. Vielleicht würden Sie, bei all Ihrem Atheismus, im Kloster enden.

HERZEN Vielleicht. Aber das wäre der Gipfel der Dummheit. Wer die Völker anklagt und verurteilt, hat immer unrecht. Sie tragen keine Verantwortung, weder im Guten noch im Bösen. Eine Elementargewalt kann man nicht schuldig sprechen. Verantwortung trägt eher die Minderheit, die das bewußte Denken einer Epoche vertritt. Aber auch ihre Schuld ist relativ. Der juridische Standpunkt taugt überhaupt nur vor Gericht, und eben deshalb verstehen die Richter nicht, wovon sie reden. Ist die Minderheit schuld daran, daß die ganze Zivilisation der Vergangenheit nur für sie da war, daß sich ihr Verstand auf Kosten der anderen entwickelt hat, erkauft mit dem Blut des Volkes, das, von schwerer Arbeit niedergedrückt, verwildert blieb? Weder ist der Reiche verantwortlich für den Reichtum, den er in der Wiege vorgefunden hat, noch der Arme für seine Armut; beide sind Opfer einer Ungerechtigkeit, eines Fatums. Mögen wir als Einzelne also nicht schuld sein an unseren Privilegien, so sollten wir andererseits nicht vergessen, wem wir sie verdanken. Wie kämen wir dazu, das Volk zu verfluchen, zu verachten – dieses Volk, das ein Kaspar Hauser bleiben mußte, damit wir Dante lesen und Beethoven hören konnten?

DER JUNGE MANN Aber die besten Geister des vorigen Jahrhunderts haben das alles sehr wohl verstanden. Sie haben die Ungerechtigkeit der bestehenden Ordnung erkannt und den Gedanken der Gleichheit auf die Tagesordnung der Geschichte gesetzt.

HERZEN Ja, aber nur in der Theorie, als eine Bücherweisheit. Und durch ihre Bücherweisheit wollten sie die Ungerechtigkeit wiedergutmachen. Diese verspätete Reue der Minderheit nennt man Liberalismus. Die Liberalen wollten das Volk für seine jahrtausendlange Erniedrigung entschädigen. Sie erklärten es zum Souverän. Jeder Dorfbewohner sollte von nun an zum Politiker werden und die öffentlichen Angelegenheiten selber in die Hand nehmen. Wovon die Leute aber leben sollten, darüber haben die Liberalen nicht viel nachgedacht. Sie waren es nicht gewohnt, sich über solche groben Bedürfnisse Sorgen zu machen. Die Liberalen erfanden sich ein Volk a priori, statt das wirkliche Volk zu studieren. Sie verließen sich auf ihre literarischen Reminiszenzen und zogen ihm die römische Toga und das Hirtenkleid über; sie logen aus Liebe, so wie andere aus Haß über das Volk logen. Ja, ich möchte sogar behaupten, daß seine Feinde, die Pfaffen und die Legitimisten, das wirkliche Volk besser kannten als seine selbsternannten Anwälte. Das Volk aber handelte so wie Sancho Pansa: es dachte gar nicht daran, auf dem Thron Platz zu nehmen, den die Liberalen ihm zugedacht hatten.

DER JUNGE MANN Im Gegenteil. Es vergaß den Despotismus Napoleons, seine Zwangsrekrutierungen, die Tyrannei der Präfekten, und heute beeilen sich die Leute, ihre Stimme für den Neffen abzugeben, für diese billige Imitation Bonapartes.

HERZEN Das ist kein Wunder; denn für das Volk sind alle bisherigen Regierungen despotisch gewesen. Das Wort Republik machte die Arbeiter nicht warm, und die Freiheit der Bourgeoisie sagt ihnen nichts.

DER JUNGE MANN Wenn man alles mit solchen Augen ansieht, dann glaube ich selber, daß ich aufhören werde, mich zu grämen; und bald wird mir vielleicht sogar der Wunsch vergehen, etwas zu tun.

HERZEN Sie können sich Ihre historische Umgebung nicht aussuchen, mein Lieber. Und unsere Arbeit besteht nun einmal darin, zu verstehen, was nötig ist. Diese Arbeit ist doch kein Garnknäuel, wie man es einer Katze hinwirft, um sie zu beschäftigen.

DER JUNGE MANN Ich habe nie daran gezweifelt, daß man zu allen Zeiten denken kann. Erzwungene Untätigkeit ist nicht dasselbe wie freiwillige Gedankenlosigkeit. Aber worauf Ihr Ratschlag hinausläuft, das habe ich kommen sehen: Wir sollen in nachdenklicher Tatenlosigkeit verharren und dabei das Herz durch den Verstand und die Menschenliebe durch die Kritik zum Schweigen bringen.

HERZEN Hören Sie mir auf mit der Menschenliebe! Was heißt das überhaupt: die Menschheit lieben? Das ist doch nichts anderes als die alte christliche Tugend, aufgewärmt auf dem Herd der Philosophie! Was ist das für eine Liebe, die alles umfaßt, vom Eskimo bis zum Dalai Lama und vom Hottentotten bis zum Papst? Ich sage Ihnen, wer jetzt, nach diesen erschütternden Ereignissen, nicht nüchtern geworden ist, der wird es nie werden, der wird ein Hampelmann des Liberalismus bleiben sein Leben lang. Der Terror der Französischen Revolution hat Menschen hingerichtet. Unsere Aufgabe ist leichter: Wir sind dazu berufen, Institutionen hinzurichten, Illusionen niederzureißen, ohne Kompromisse, ohne Gnade alles anzutasten, was der Autokratie der Petersburger Zaren und der Freiheit der Spießerrepublik als heilig gilt. Unser Gruß gilt nur dem, was in der Entstehung begriffen ist, nur der Morgenröte; und wenn wir nicht die Kraft haben, ihr Kommen zu beschleunigen, so können wir wenigstens denen, die nicht über die Gegenwart hinaussehen, ihr Nahen zeigen.

DER JUNGE MANN Wie jener Bettler, der jeden Abend dort drüben auf dem Vendôme-Platz allen, die dort vorbeikommen, sein Fernrohr anbietet, damit sie einen Blick auf die fernen Gestirne werfen können?

HERZEN Ihr Vergleich ist sehr gut. Ja, weisen Sie jeden Vorübergehenden darauf hin, daß die Wellen der rächenden Flut näher und näher kommen. Zeigen Sie ihm aber auch das weiße Segel der Arche, das in der Ferne am Horizont erscheint. Wenn alles Unnütze untergegangen ist in der Flut, wenn die Wasser zu fallen beginnen, und die heil gebliebene Arche auf Grund stößt, dann wird es für die Menschen wieder etwas zu tun geben. Jetzt nicht!

Das leiernde Murmeln auf dem großen Platz war verstummt. Die Zuschauer hatten von der Verfassung, die man dort drüben verlesen hatte, kein Wort verstanden. Sie blickten ratlos auf die Maskenkostüme der Richter und der Priester, auf ihre roten, schwarzen, weißen, pelzverbrämten Gewänder, auf den Schnee, der einem ins Gesicht wehte, auf die Schlachtordnung der Truppen. Vor der Esplanade am Hôtel des Invalides wurde jetzt Salut geschossen. Das Feuer erinnerte die Menschen an die Massaker der Junitage, und das Herz krampfte sich ihnen unwillkürlich zusammen. Alle Gesichter blickten bekümmert drein, als wären sie sich einer Schuld bewußt – die einen, weil sie das Verbrechen begangen, die anderen, weil sie es zugelassen hatten. Bei dem kleinsten Geräusch wandten sich tausend Köpfe um, als erwarteten sie, gleich darauf das Pfeifen von Kugeln, den Schrei des Aufruhrs, den Klang der Sturmglocke zu hören. Das stürmische Schneetreiben hielt an.

Die bis auf die Knochen durchgefrorenen Soldaten begannen zu murren; endlich wirbelte eine Trommel, die Masse kam in Bewegung. Die beiden Männer waren verstummt, und um dem endlosen Defilee zu entgehen, das nun, unter den Klängen des alten Liedes »Mourir pour la patrie« begann, verschwanden sie in der schweigenden Menge.

Nachbemerkung

Alexander Herzen hat diese Dialoge in den Jahren 1847 und 1848 geschrieben. Veröffentlicht hat er sie, zusammen mit einer Reihe anderer Arbeiten, zuerst auf deutsch, in einem Buch, das 1850 unter dem Titel *Vom anderen Ufer* in Hamburg erschienen ist. Herzen wählte für diese Publikation das Pseudonym Iskander. Eine russische Fassung kam erst 1858 zustande; sie enthält ein paar neuere Artikel und weicht auch sonst vom Text der Erstausgabe ab.

Der vorliegende Druck hält sich an keine dieser beiden Fassungen. Er ist eine Bearbeitung. Der Herausgeber hat das Original gekürzt; er hat sich hie und da eine Umstellung erlaubt; er hat, in den kursiv gedruckten Passagen der Rahmenerzählung, sogar ein paar Sätze hinzugefügt. Eingriffe dieser Art verstoßen gegen alle Regeln der Philologie. Sie rechtfertigen sich allein aus der politischen Absicht, die mit dieser Neuveröffentlichung verfolgt wird.

Jede Generation glaubt an die Einzigartigkeit ihrer »Sinnkrisen«. Herzens Dialoge zerstören diese Einbildung. Die Niederlagen und Enttäuschungen, deren Zeuge und Opfer er war, sind mit den unsrigen nicht ohne weiteres zu vergleichen. Doch begegnet Herzen ihnen mit einer Haltung, die ihn zu einem Nothelfer von höchster Aktualität macht: mit rücksichtsloser Analyse und mit offensiver Phantasie.

Ohne uns
Ein Totengespräch

Personen
PHILIPP, *Mitte sechzig, Ex-Banker, robust und selbstsicher. Schwerer Körper, Glatze.*
THOMAS, *Ende 40, aber älter wirkend, früher Terrorist und Drogenkurier. Schmale Figur, gesundheitlich angeschlagen, nervös. Trägt Bart und Brille.*
Verschiedene Stimmen: ANSAGER(IN), REPORTER(INNEN), PROFESSOR GROSMAN, WERBESPRECHER(INNEN), EIN WANDLER.

Ort und Zeit
Ein Militärcamp in Malaysia, irgendwann in der Zukunft.

Erster Teil

Hütte mit zwei Feldbetten und zwei Stühlen. Mitten im Raum ein alter Fernseher mit der Rückseite zum Publikum. Ein Bretterverschlag mit Utensilien: Blechschüsseln, Besteck, Gläsern, Seifenschale, Handspiegel. Auch ein winziger Kühlschrank ist da. Nachmittag. PHILIPP *und* THOMAS *in abgerissenem Khaki. Das Geräusch des Regens auf dem Wellblechdach. Der Fernseher läuft. Schriller Ton. Eine japanische Sendung.*

THOMAS Bitte nicht.
PHILIPP Was?
THOMAS Müssen wir uns das anschauen?
PHILIPP Entschuldigung. Sie haben was gegen Japaner. Hätte ich fast vergessen.
THOMAS Ich kann dieses sadistische Zeug nicht ausstehen.
PHILIPP Also gut, wie Sie wollen. *Er schaltet um.*
Fernsehton von einem Musikvideo, unverständlich.
THOMAS Nein!
Philipp schaltet weiter. Zapping.
FERNSEHSPRECHER ... auf den Rohstoffmärkten. Schwere Kursverluste an den Börsen von Sydney und Singapur waren die Folge. In Shanghai mußte der Handel vorübergehend ganz ausgesetzt werden. Auf dem Parkett halten sich hartnäckig Gerüchte, denen zufolge die chinesische Regierung eine weitere Abwertung des Yuan plant. Daraufhin ist es zu panikartigen Verkäufen gekommen. Mehr über die Entwicklung im Fernen Osten nach der Werbung.
Musik: Reklame-Jingle.
Während der Börsenmeldung unterhalten sich die beiden weiter.

THOMAS *laut* Ich würde das Ding am liebsten auf den Müll schmeißen. Machen Sie's wenigstens ein bißchen leiser!
Philipp tut es.
PHILIPP Wissen Sie, was Ihnen fehlt, Thomas?
THOMAS Ja! Ja! Ihre Gelassenheit! Ihre Geduld!
PHILIPP Ein bißchen Neugier. Das ist das einzige Laster, das mir geblieben ist. Das Chaos da draußen erfrischt mich.
THOMAS Man wird bescheiden.
PHILIPP Dieses Loch bietet ja sonst keine Unterhaltung. Abgesehen natürlich von Ihrer Gesellschaft.
THOMAS Die Ihnen auf die Nerven geht.
PHILIPP Falsch. »Einer trage des anderen Last.« So heißt es doch? Wir sind unzertrennlich.
THOMAS Das ist ja das Schlimme.
Der Fernseher erlischt.
PHILIPP Verdammter Mist!
THOMAS Der Generator tut es nicht mehr. Wahrscheinlich ist das Kerosin zu Ende. Die Piste wird wieder mal unpassierbar sein. Bei diesem ewigen Regen kommt kein Tankwagen durch. Also kein kaltes Bier mehr für den Kommandanten.
PHILIPP Und kein Fernsehen.
THOMAS Um so besser. Sagen Sie, Philipp... Wissen Sie eigentlich, wie lange die Haare weiterwachsen, nachdem man gestorben ist?
PHILIPP Bei mir nicht.
THOMAS Sie haben Glück. Eine Glatze ist sexy und macht keine Arbeit.
PHILIPP Sie machen wohl Witze, Thomas. Sexy – wozu denn? Meinen Sie die Bauernburschen in der Baracke mit ihren dreckigen Uniformhemden? Ich hätte nicht gedacht, daß man sich die Liebe so schnell abgewöhnen kann.
THOMAS Ich schon. Nur die Nägel wachsen immer weiter. Man sagt, das kann wochenlang gehen.

PHILIPP Ich soll Ihnen also die Haare schneiden. Darauf wollen Sie doch hinaus.
THOMAS Als ich klein war, hatte der Dorffriseur ein Schild im Laden hängen, darauf stand: »Die sich pflegen, sind andern überlegen.« Das sollten wir uns gesagt sein lassen. Übrigens, wenn ich Ihnen ein Kompliment machen darf: als Friseur hätten Sie es weit gebracht.
PHILIPP Also gut.
Er schneidet Thomas die Haare. Der Regen läßt allmählich nach.
THOMAS Erstklassige Fasson. Das gibt eine schöne Leiche.
PHILIPP Aber mein Lieber, warum so voreilig? Sie müssen Geduld haben. So tot sind wir noch gar nicht.
THOMAS Tote auf Urlaub.
PHILIPP Was heißt Urlaub? Hier kommt keiner raus. Entschuldigen Sie, wenn es zwickt. Die Schere ist verrostet.
THOMAS Den Bart auch, wenn ich bitten darf.
PHILIPP Eins nach dem andern. Unglaublich, wie das wuchert!
THOMAS Hier wuchert alles. Die Pflanzen, die Ratten, die Halluzinationen. Das macht der Regen. Eine fruchtbare Gegend.
PHILIPP Zum Verrecken fruchtbar.
Thomas betrachtet sich im Spiegel, den ihm Philipp mit ironischer Geste hinhält.
THOMAS Tadellos, wie immer. Ohne Sie wäre ich verloren, Philipp. Wo sind meine Tabletten?
PHILIPP Das fragen Sie mich? Vermutlich in Ihrer Hosentasche. Die letzte Schachtel. Ich weiß nicht, wo ich Nachschub her bekommen soll.
THOMAS Diese Fadenwürmer haben mir gerade noch gefehlt.
PHILIPP Filariose. Daran stirbt man nicht.
THOMAS Sie haben leicht reden, Philipp. Sie sind kerngesund, und das heißt, Sie haben keine Ahnung. Schüttelfrost,

Kopfschmerzen, Abszesse. Hier, die roten Streifen am Arm, das tut verdammt weh.

PHILIPP Schon gut, ich mache Ihnen nachher einen heißen Umschlag.

THOMAS Danke. Bei 38 Grad im Schatten!

PHILIPP Friseur, Krankenschwester, Elektriker, Köchin. Was wollen Sie mehr, mein Lieber? Seien Sie froh, daß Sie mich haben. *Er beginnt, den Bart des andern zu kappen.*

THOMAS Ich habe mir das nicht ausgesucht.

PHILIPP Ich vielleicht? Lassen Sie's gut sein. Der Abszeß ist übrigens schon zurückgegangen. Diäthycarbazamin. War gar nicht so leicht zu beschaffen. Der Kommandant ...
Der hofft immer noch, eines Tages von hier wegzukommen. Will einfach nicht einsehen, daß dieses Camp die Endstation ist, ganz egal, ob man als Gefangener hier landet oder als Kommandant.

THOMAS Er träumt von Europa. Asyl will er beantragen, sagt er.

PHILIPP Armer Teufel! Was für eine Idee, Deutsch zu lernen. Er glaubt, das Leben vor sich zu haben. In Frankfurt würden sie ihn sofort einsperren. Ich beneide ihn um seine idiotische Hoffnung.

THOMAS Und ich muß dreimal die Woche bei ihm antreten.

PHILIPP Montag, Mittwoch, Freitag. Auf diese Weise haben Sie wenigstens einen geregelten Stundenplan. Die Psychologen sagen, sowas schützt vor dem Ausrasten.

THOMAS Er versteht überhaupt nicht, was er sagt. Er lernt die Sätze auswendig. *Er ahmt den Kommandanten nach. Falsche Betonung, schwerer Akzent.* »Wie geht es Ihnen?« »Danke, ausgezeichnet.« »Haben Sie gut geschlaft?« – Nein, nicht *geschlaft*, geschlafen! Also nochmals. – »Haben Sie gut geschlafen?« »Ja.« »Wie gefällt es Ihnen hier?« »Es gefällt mir sehr gut.«

PHILIPP Das sind Fortschritte.

THOMAS Zum Verrücktwerden.
PHILIPP Kennen Sie die Geschichte von dem Engländer, der irgendwo im Amazonasbecken gelandet ist, in der Hütte eines Wahnsinnigen?
THOMAS Ich glaube nicht.
PHILIPP Er hieß Thomas, genau wie Sie. *Eine Handvoll Staub*, von Evelyn Waugh, wenn ich mich nicht täusche.
THOMAS Sagt mir nichts.
PHILIPP Also passen Sie auf. Der Engländer wird krank, irgendein Tropenfieber, kann sich nicht mehr rühren, ist völlig am Ende. Der Verrückte nimmt ihn auf, pflegt ihn gesund, füttert ihn, aber dann will er ihn nicht mehr gehen lassen. Sobald er wieder auf den Beinen ist, versucht dieser Thomas, sich aus dem Staub zu machen. Keine Chance. Der andere, halb Indio, halb *white trash*, paßt auf, läuft ihm nach, er kennt sich im Urwald aus, er holt ihn ein und schlägt ihn zusammen. Jeder Fluchtversuch ist zwecklos.
THOMAS Kommt mir bekannt vor. Aber hieß der Engländer tatsächlich Thomas? Hieß er nicht Tony?
PHILIPP Keine Ahnung. Das ist doch ganz egal.
THOMAS Und warum wollte der andere ihn nicht laufen lassen? Wozu das Ganze?
PHILIPP Gute Frage. Wozu sind wir hier? Können Sie mir das sagen? Jedenfalls langweilt sich der Halbwilde in seiner Hütte. Er braucht Unterhaltung. Schreiben und lesen kann er nicht, aber er hat ein zerfleddertes Buch geerbt, fragen Sie mich nicht, von wem. Dieses Buch ist das Glanzstück seiner Habe, sein ganzer Stolz. Sie werden lachen, es ist ein Roman von Dickens, *Große Erwartungen*. Den muß ihm der Gefangene vorlesen. Aber nicht nur einmal. Immer wieder. Siebenhundert Seiten, immer wieder von vorn. Jahrelang.
THOMAS Genau wie ich. *Stimme des Kommandanten.* »Vielen Dank für Ihren Besuch.« »Nichts zu danken.« »Bleiben Sie

gesund.« *Normaler Ton.* Zum Kotzen. Jetzt fällt es mir wieder ein. Ich kenne die Geschichte. Sie irren sich, Philipp.
PHILIPP Wieso?
THOMAS Es war gar nicht *Great Expectations.*
PHILIPP So?
THOMAS Es war ein anderer Roman von Dickens. Warten Sie ... Ich glaube, es war *Bleak House.*
PHILIPP Pedant. Rechthaber.
THOMAS Genau das wirft mir der Kommandant vor, wenn ich seine Aussprache korrigiere. Ein hoffnungsloser Fall! Der lernt es nie. Es ist zum Verzweifeln.
PHILIPP Was soll ich da erst sagen? Buchhaltung! Ausgerechnet ich soll ihm die Buchhaltung machen.
THOMAS Was wollen Sie? Immer noch besser als die Grammatik.
PHILIPP Nur, weil er an die magische Kraft des Papiers glaubt, dieser Analphabet. Er klaut wie ein Rabe, aber auf dem Papier soll alles stimmen. Soundso viel Ringgit für Reis, soundso viel für Dieselöl, Mückenspray, Seife, was weiß ich. Lächerlich, das Ganze.
THOMAS Na und? Dafür sind Sie doch genau der Richtige. Ein erstklassiger Fachmann für gefälschte Bücher. Im übrigen – solange er sich einbildet, daß er uns braucht, läßt er uns nicht umbringen.
PHILIPP Ach was, umbringen! Wozu denn? Wissen Sie noch, wie wir uns damals gefragt haben, in Telok, auf der Polizeistation, warum sie uns nicht einfach erschossen haben? Ich habe gedacht, vielleicht halten sie mich als Geisel in Reserve, für den Fall des Falles, als Faustpfand, um an die Konten in Panama heranzukommen. Aber da war das Geld längst weg. Und Sie ...
THOMAS Lassen wir das. Passen Sie auf! Mein Furunkel!
PHILIPP Nein, mein Lieber, die haben uns schlicht und einfach vergessen. Unsere Akten sind irgendwo zwischen Sin-

gapur und Kuala verschimmelt. Wir sind nicht wichtig, Thomas, vergessen Sie das nie! Wir sind vergessen. Endgültig. Keine Sau kümmert sich um uns.

THOMAS Hinten noch ein bißchen kürzer, bitte.

PHILIPP Keine Botschaft, keine Staatsanwalt, kein BKA. Niemand.

THOMAS Klar. *Äfft den Kommandanten nach.* »Eine Empfehlung an Ihre Göttin.« – Wie oft soll ich es Ihnen noch sagen, es heißt nicht *Göttin.* Gattin! Es heißt Gattin. – »Bitte bleiben Sie noch eine Weile.«

PHILIPP Montag, Mittwoch, Freitag. Ganz zu schweigen von Ihren freien Tagen. Immer dasselbe. Ich habe sie gezählt.

THOMAS Hören Sie auf, Philipp. Das ist ja krankhaft. Sie mit Ihrem Kalender! Jeden Tag ein Strich. Als ob es darauf ankäme. Hier gibt es keine Jahreszeiten und keine Termine. Da können Sie lange zählen. Der Kommandant hat recht. Sie sind ein Buchhalter.

PHILIPP Und Sie ein Schullehrer. Deutsch für Ausländer. Das haben Sie doch jahrelang gemacht, damals in Berlin?

THOMAS Ja, bis ich untertauchen mußte. Ein unauffälliger Job. Schlecht bezahlt, aber legal. Viele Kontakte, all die Schüler, das war schwer zu überprüfen. Ideal für die illegale Arbeit.

PHILIPP Sie hätten dabei bleiben sollen, Thomas. Ruhige Kugel, geregeltes Einkommen. Aber nein. Sie mußten ja unbedingt den Helden spielen.

THOMAS »*Sie,* Thomas,« – »*Sie,* Philipp.« – Finden Sie es nicht komisch, daß wir uns die ganze Zeit siezen? Nach acht Jahren in dieser Bruchbude.

PHILIPP Das haben wir alles schon gehabt. Müssen wir denn immer von neuem über Etikettefragen diskutieren? Im übrigen sind es erst sieben Jahre, mein Lieber. Ich war nämlich zuerst da. Sie sind vor genau sieben Jahren hier angekommen. Nur keine falsche Vertraulichkeit. Nach allem, was

Sie sich damals in Frankfurt geleistet haben. Sie wissen schon.

THOMAS Natürlich. Ich verstehe. Sie sind der Boss. Ihnen kann keiner das Wasser reichen. Das wollen Sie doch sagen? Ich bin für Sie nur ein Überbleibsel aus den Siebzigern.

PHILIPP Damit wir uns nicht falsch verstehen, ich mache Ihnen keine Vorwürfe. Schließlich habt ihr mich nicht erwischt. Ich habe bloß einen Streifschuß abbekommen. Nicht wie Förster, mein Chauffeur. Armes Schwein. Er stand kurz vor der Pensionierung.

THOMAS Müssen Sie wieder davon anfangen? Nur weil der Fernseher hinüber ist? Mir wäre es auch lieber gewesen, wenn die Sache nach Plan abgelaufen wäre.

PHILIPP Dann säßen Sie jetzt allein hier.

THOMAS Ja, ja, ja.

PHILIPP Ohne mich.

THOMAS Müssen Sie darauf herumreiten?

PHILIPP Sie haben es nicht geschafft. Sie haben aufgegeben.

THOMAS Das stimmt. Thomas Hoff, der Mann, der es nicht geschafft hat. Eine Mumie im Dschungel, am Ende der Welt, vierzig Meilen bis zur nächsten Landepiste, Schüttelfrost, Fadenwürmer, Parasiten im Lymphsystem. Das wollen Sie doch hören? Dagegen Sie, Philipp! Sie sind unschlagbar, nicht wahr? Immer noch auf der Höhe, immer noch die alte kriminelle Energie.

PHILIPP Sehr schmeichelhaft, auch wenn von meiner glänzenden Karriere nichts übriggeblieben ist.

THOMAS Eine Karriere nennen Sie das? Diese Sauerei?

PHILIPP Soll ich Ihnen erzählen, wie es angefangen hat?

THOMAS Lieber nicht.

PHILIPP In der Schule. Ich war bei den Jesuiten. Ein Internat im Rheinland. Das war gar nicht so schlecht. Nur, daß ich nie der sportliche Typ gewesen bin. Und deshalb wurde ich dauernd verhauen. Gegen meine Mitschüler, diese

Horde von Fußballspielern, hatte ich keine Chance. Wissen Sie, was ich gemacht habe? Die hatten alle kein Geld. Ich hatte ja selber nicht viel, aber ich habe den Kerlen mein bißchen Taschengeld geliehen, natürlich gegen angemessene Zinsen. Wissen Sie, was die mit dem Geld angefangen haben? Gekifft haben sie, schwarzen Afghan, zu dreißig Mark das Gramm. Wenn das herausgekommen wäre! Nach ein paar Wochen hatte ich sie alle in der Hand. Ich war gefürchtet, ich hatte meine Ruhe, und ich verdiente gut. So bin ich Banker geworden. Ein bißchen Phantasie, das ist alles. Phantasieren kann man überall, sogar im Internat, sogar in einer Gummizelle. In der Gummizelle ganz besonders. Aber Sie, Thomas – entschuldigen Sie –, Sie waren schon abgeschlafft, als Sie hier ankamen. Ausgebrannt. Ein Verlierer, genau wie ich, nur daß Sie es zugeben. Schade.
Der Fernseher schaltet sich von selbst ein.
Ah! Der Strom! Der Strom!
Philipp macht sich an der Antenne zu schaffen. Der Fernsehempfang ist vielfältig gestört, Ton- und Bildqualität sind mangelhaft.
STIMME DES REPORTERS ... völlig zusammengebrochen. Hier am Union Square sind achtzigtausend Menschen in Bewegung. Die Wandler beherrschen das gesamte Stadtzentrum. *Fernsehton: anschwellender Singsang.*
THOMAS Was soll der Quatsch? Ich verstehe kein Wort.
REPORTER Was Sie da im Hintergrund hören, dieses sonderbare Heulen, das sind ihre Gesänge.
ANSAGER Was singen sie denn, Adam?
REPORTER Es ist kein Wort zu verstehen. Anscheinend sind das keine richtigen Lieder, oder Hymnen. Nur dieser komische Singsang. Die Polizei versucht seit einer Viertelstunde, die Wandler abzudrängen. *Im Hintergrund sind Sirenen und Hupkonzerte zu hören.*

THOMAS Wandler? Was für Wandler? Was soll denn das heißen?
Plötzlich bricht der Ton ab.
PHILIPP Verdammte Kiste! *Er hämmert auf den Fernseher ein, ohne Erfolg.* Sieht nach Kalifornien aus.
THOMAS Wasserwerfer!
PHILIPP Wunderbar! Endlich wieder mal eine richtige Demonstration. Müßte Ihnen eigentlich Spaß machen, Thomas.
THOMAS Keine Ahnung, worum es geht.
PHILIPP Das werden wir gleich haben. *Er versucht von neuem, den Empfang zu regeln, dreht an der Zimmerantenne usw. Rauschen, typische Zapping-Geräusche.*
REPORTER Immer mehr Leute stoßen dazu, Angestellte aus dem Bankenviertel, Passanten, alte Damen. Ich sehe viele Schwarze, und hier ... eine ganze Schulklasse! In den Schaltzentralen heißt es, auf den Brücken sei schon seit zwei Stunden kein Durchkommen mehr. Auch aus Oakland und San Diego werden jetzt Märsche von Wandlern gemeldet. Auf sämtlichen Freeways steht der Verkehr still. Die Behörden sind ratlos, denn weder ist ein Zweck dieser riesigen Demonstrationen zu erkennen, noch ist bisher klar, wer sie organisiert hat. Adam Ross, CLN, San Francisco.
THOMAS Können Sie mir sagen, was das soll?
PHILIPP Wenn Sie nicht zuhören ... Passen Sie doch auf!
ANSAGER Wer sind die Wandler überhaupt, was wollen sie, wer steht hinter ihnen? Dazu gleich Professor Grosman vom Religionswissenschaftlichen Institut der Stanford University. Bleiben Sie dran.
Es folgt ein Werbespot. Schrille Musik.
WERBESPRECHER Vergessen Sie die Chemie. Stress, Depressionen, Angstzustände? Cybertech hat die Antwort: Alpha Saviour, Ihr elektronisches Therapieprogramm aus dem Netz. Ein Klick vor dem Frühstück, drei Minuten online,

und Sie sind wieder fit. Cybertech – die wiedergeborene Psyche. *Musik.*

PHILIPP Da sehen Sie, was wir hier alles verpassen, Thomas. *Tonstörung. Rauschen.*

THOMAS *versteht nicht:* Was?

PHILIPP Mist! *Er hämmert auf das Gerät ein, mit Erfolg. Der Fernsehton kehrt wieder.*

PROFESSOR GROSMAN . . . außerordentlich gefährlich.

INTERVIEWER Wie meinen Sie das? Bisher haben sich die Wandler doch ganz friedlich verhalten.

PROFESSOR GROSMAN Das ist richtig. Aber sie gehen zu Fuß, mitten auf der Straße, auf dem Freeway, und das allein ist bereits eine Herausforderung an die amerikanische Gesellschaft. Sie behindern massiv den Großstadtverkehr, besonders in der *rush hour.* In San Francisco und anderen Städten der Bay Area ist der gesamte Berufsverkehr praktisch zum Erliegen gekommen, und die Polizei wagt es nicht, energisch gegen diese Provokationen vorzugehen.

INTERVIEWER Glauben Sie nicht, Professor Grosman, daß es sich nur um einen jener kurzlebigen Trends handelt, an die wir hier in Kalifornien gewöhnt sind?

PHILIPP Schwachkopf.

THOMAS Wieso? Der Mann hat recht.

PROFESSOR GROSMAN Nein, das glaube ich kaum. Meines Erachtens sind die Wandler mit keiner der üblichen Sekten zu vergleichen. Das ist ein völlig neues Phänomen. Die Ideologie dieser Leute ist ebenso schlicht wie radikal. Wie schon der Name sagt, wollen sie sich wandeln. Aber in was, wohin und wozu? Das weiß bisher niemand genau.

INTERVIEWER Na schön. Das ist schließlich nicht verboten. *It's a free country.*

PROFESSOR GROSMAN Sie glauben doch nicht im Ernst, daß es dabei bleibt? Achtzigtausend Leute, allein in San Francisco! Die werden die ganze *community* umkrempeln! Wir haben es mit einer neuen Form von Massenhysterie zu tun, und zwar in einer Dimension, die unsere Gesellschaft vor enorme Herausforderungen stellen wird.

THOMAS *lacht.*

PHILIPP Finden Sie das komisch?

THOMAS Albern.

PHILIPP Sie werden sich noch wundern!

THOMAS Kalter Kaffee.

PHILIPP Lassen Sie den Professor doch ausreden.

INTERVIEWER Und was ist, Ihrer Meinung nach, das Neue an dieser Bewegung?

PROFESSOR GROSMAN Ihre Anonymität. Sehen Sie, wenn Ihr Nachbar sich über Nacht in einen Wandler verwandelt, werden Sie ihm nichts anmerken. Denn die Wandler sind nicht, wie andere Sekten, an ihrer Tracht zu erkennen. Sie folgen auch nicht den Lehren eines charismatischen Führers, jedenfalls ist davon nichts bekannt. Abgesehen davon, daß sie sich weigern, Auto zu fahren, scheint ihr einziges Ritual dieser eigentümliche Singsang zu sein, eine Art langgezogenes Heulen. Das ist offenbar ihr wortloses Gebet. Hören Sie selbst!

Singsang der Wandler, zuerst langgezogen, dann rascher und rascher.

PROFESSOR GROSMAN Wie Sie sehen, geht die Prozession allmählich in einen Tanz über, der an die ekstatischen Bewegungen der Derwische erinnert.

THOMAS Absolut nervtötend! Dieses idiotische Lächeln! Und wie sie glotzen . . .

PROFESSOR GROSMAN Das FBI hat bisher vergeblich versucht, die Hintermänner der Bewegung zu identifizieren. Wie gesagt, über einen Chef oder einen Guru verfügen die Wandler nicht. Aber ihre Sprecher treten seit Wochen in zahllosen Fernseh- und Radiosendungen auf. Nebenbei bemerkt, halte ich es für verantwortungslos, daß ihnen die Sender ein öf-

fentliches Forum bieten. Zuerst hat man sie natürlich ausgelacht, aber inzwischen ist dem Gouverneur das Lachen vergangen. Jeder dieser Sprecher behauptet, er sei »*der* Wandler«, aber es handelt sich jedesmal um eine andere Person, und jedesmal beteuern diese Wanderprediger, es gebe überhaupt keine Wandler-Hierarchie. Jeder Mensch sei ein Wandler. Auf die Frage, woher das Geld für ihre Propaganda kommt, sind die Behörden bisher die Antwort schuldig geblieben. Dafür kann es nur zwei Gründe geben. Im besten Fall ist es Unfähigkeit. Noch schlimmer wäre es, wenn die Wandler bereits die Administration infiltriert hätten.
INTERVIEWER Vielen Dank für diese Einschätzung, Professor Grosman.
Musik. Der Anfang des folgenden Werbespots.
WERBESPRECHER Der Bestattungsunternehmer alten Stils ist tot. Die Space Age Eternity Clinic bietet Ihren Lieben eine Zukunft im All, eine Zukunft in unvergänglicher Schönheit. Laden Sie heute noch unser kostenloses Video unter 01188-334455 auf Ihren Bildschirm.
THOMAS *schaltet den Fernseher ab.*
PHILIPP Was fällt Ihnen ein? Ich will wissen, wie es weitergeht. *Er schaltet den Apparat wieder ein. Man hört den Tanz der Wandler.*
THOMAS Mit was denn? Mit der Bestattung in unvergänglicher Schönheit? Darüber brauchen wir uns keine Sorgen zu machen. In diesem Klima verfault man bei Lebzeiten.
Gerangel am Fernseher.
PHILIPP Das ist *mein* Fernseher.
THOMAS Ein Schrotthaufen ist das. *Diesmal gewinnt er die Oberhand. Die beiden blicken sich feindselig an.*
THOMAS Was geht uns dieser Zirkus überhaupt an? Eine dieser amerikanischen Macken. Ein reines Medienereignis. Eine Freizeitbeschäftigung wie Fitness-Surfing oder Alpin-Jogging.

PHILIPP Oder Terrorismus. Tagsüber ein kleiner, unauffälliger Job, und nach Feierabend die große Nummer. Das ist doch gerade der Witz an der Sache. Es ist überhaupt nicht auszumachen, wer zu den Wandlern gehört und wer nicht. Eben saß der Typ noch im Büro, und in der Mittagspause verwandelt er sich in einen Besessenen und tanzt mit der Meute auf der Straße. Das ist gut für den Kreislauf und für die Psyche. Ein Adrenalinstoß, ein Super-Feeling. Die totale Entfesselung. Der kleine Mitarbeiter wird zum Monster. Wenn das kein gefundenes Fressen ist!

THOMAS Alles nur fürs Fernsehen. Das geht ein paar Wochen lang so weiter, bis die nächste Show auf dem Programm steht. Müssen wir uns das antun? Aber Sie sind ja schon immer mitgeschwommen. Bei jedem Trend. Philipp, der Mann mit der Nase im Wind. Das Trüffelschwein. Der Hellseher von Singapur.

PHILIPP Leider nicht, sonst wäre ich wohl kaum hier gelandet. Aber der Professor hat recht. Was wir da gesehen haben, ist erst der Anfang.

THOMAS Der Anfang von was wohl? Vom nächsten Börsencrash vielleicht? Geben Sie's auf, Philipp. Sie sitzen nicht mehr in der Chefetage. Ob der Yuan abstürzt und wie die Wall Street reagiert, das kann Ihnen doch egal sein. Und im übrigen, auf einen Crash mehr oder weniger kommt es sowieso nicht an.

PHILIPP Wissen Sie, wie Sie mir vorkommen, Thomas? Wie ein Seeigel.

THOMAS Seeigel?

PHILIPP Ja. Eingeschrumpft auf die minimale Größe, und nach außen ein paar Stacheln. Ich meine Ihr Denken. Sie halten sich für den absoluten Skeptiker, und was ist die Folge? Sie kapieren nicht mehr, was los ist. Ich frage mich, woran das liegt. Das paßt doch gar nicht zu Ihnen. Alles nur aus Enttäuschung? Ein Renegaten-Syndrom? Nur weil Sie baden gegangen sind mit Ihrer Ideologie? Das ist doch keine Lösung. Zugegeben, hier ist Endstation. Aber müssen wir deshalb auf das bißchen Intelligenz verzichten, das uns geblieben ist?

THOMAS Es gibt keine Lösung.

PHILIPP Natürlich nicht. Das ist es ja! Das wissen die Leute. Und darum müssen sie dran glauben. Egal an was. Immer nur Geldverdienen, Essen und Vögeln, das hält kein Mensch aus. Früher haben die meisten geglaubt, es ginge auch ohne Glauben. Das waren noch Zeiten! Die Religion, eine Reminiszenz an das Mittelalter. Bestenfalls Christbaumschmuck, ein wenig Lametta, ansonsten müdes Abwinken. Statt dessen haben sich viele an die Politik geklammert. Sie zum Beispiel. Oder an das Geld. Kredit – soviel Latein werden Sie doch können, Thomas? Kredit, das heißt, man glaubt daran.

THOMAS Ich nicht. Ich habe nie dran geglaubt.

PHILIPP Sie haben gut daran getan. Fundamentaldaten, Konjunkturzyklen, charttechnische Analysen – alles Kaffeesatz. Ganz zu schweigen von den Theorien der Lehrstuhlinhaber. Monetarismus, Makroökonomie – da können Sie ja gleich zum Astrologen gehen, der wird Sie besser beraten. Trotzdem, fast alle haben daran geglaubt. Sie können sich gar nicht vorstellen, wie leicht das war, damals. Ein Computerspiel. Die Londoner Zentrale hat mir aus der Hand gefressen. Derivate! Derivate von Derivaten! Ich konnte beliebige Beträge setzen. *Leverage*, mein Lieber. Das war das Zauberwort, damit konnte ich Milliarden bewegen. Ich war der Star, der Liebling des Aufsichtsrates. Die rieben sich die Augen über die Gewinne aus Singapur. Mein Bonus war höher als das Gehalt von Lord Bromsley. Ich war *Master of the Universe!*

THOMAS Ein schäbiger Hochstapler waren Sie. Einer von vielen. Ein Dieb.

PHILIPP Merkwürdiger Vorwurf, ausgerechnet aus Ihrem Mund! Das Privateigentum. Sie müssen allen Ernstes daran geglaubt haben, sonst hätten sie es nicht so eifrig bekämpft. Ich nicht. »Expropriiert die Expropriateure!« Das habe ich doch irgendwo gelesen, bei einem Ihrer Klassiker.

THOMAS Karl Marx, wie ihn sich der kleine Moritz vorstellt. So cool, wie Sie behaupten, sind Sie nie gewesen. Sie waren blaß vor Ehrgeiz. Ein recht bescheidener Ehrgeiz. Die Villa mit Swimmingpool am Mount Faber, die Segelyacht auf Sentosa, der Golfclub und das Schweizer Konto, das war alles. Ziemlich phantasielos, das Ganze.

PHILIPP Stimmt. Sie haben die Privatmaschine vergessen, ein bißchen Polo ab und zu, anständiges Personal, die besten Weine, und so weiter und so weiter.

THOMAS Eine einzige Einöde.

PHILIPP Auch nicht öder als das hier. Glauben Sie wirklich, ich wäre angewiesen auf den ganzen Schrott? Das ist doch absurd. Ich komme sehr gut ohne diesen Klimbim aus, vielen Dank. Besser als Sie.

THOMAS Während Sie Ihre Spielchen getrieben haben, Ihr elektronisches Roulette an den Finanzmärkten, haben wir bei unseren Aktionen Kopf und Kragen riskiert. Das ist immerhin ein kleiner Unterschied, finden Sie nicht?

PHILIPP Sie mit Ihren lächerlichen Banküberfällen! Statt auf mich zu schießen, hätten Sie sich mit mir zusammentun sollen. Eine Partnerschaft. Ich wäre Ihnen gern behilflich gewesen.

THOMAS Herrgott nochmal! Das war nicht ich. Das war die Gruppe. Es tut mir leid. Wie oft soll ich es Ihnen noch sagen? Nicht so sehr Ihretwegen, Sie haben ja kaum was abgekriegt. Aber Ihr Chauffeur und die drei Passanten, die es erwischt hat. Das war ein Fehler.

PHILIPP *lacht.* Gewissensbisse? Sie sind gut! Was mich betrifft, ich nehme Ihnen dieses Abenteuer nicht übel. Das

wissen Sie doch. Eher im Gegenteil. Sie haben mir einen Gefallen getan. Ohne Ihre sogenannte Aktion wäre ich nie nach Singapur gekommen. Meine beste Zeit! Im übrigen – Fehler haben wir alle gemacht. Sonst wären wir nicht hier.
THOMAS Wir haben keine Fehler gemacht. Wir sind der Fehler.
Pause.
PHILIPP Ein Bier?
THOMAS Wenn noch eins da ist.
Sie trinken.
PHILIPP Warm.
THOMAS Immer dasselbe. *Pause.* Sie glauben also . . .
PHILIPP Ich glaube, daß es nie zuvor so leicht war, die Leute da draußen zu bekehren.
THOMAS Und warum?
PHILIPP Weil ihnen nichts anderes übrigbleibt. Die Nachfrage ist riesig. Nicht nur bei den Armen. Auch bei den sogenannten Intellektuellen. Bei denen ganz besonders.
THOMAS Fundamentalismus.
PHILIPP Sicher. Aber der ist ein alter Hut. Nein, die traditionellen Methoden sind nicht mehr konkurrenzfähig, wenigstens nicht im Westen. Zuviel Inhalt. Zuviel Personenkult. Heilige Schriften, feste Regeln, dumpfe Mullahs. Das ist ja das Geniale an den Wandlern. Jeder möchte sich gern verwandeln. Außer uns. Wir sind immun. Die einzig Seßhaften, weil wir nirgendwohin unterwegs sind. Die andern sind immer auf den Beinen. Eine strebsame Gattung, egal wohin – Krieg, Organhandel, Drogen . . .
THOMAS Warentermingeschäfte, Fusionen . . .
PHILIPP Richtig! Nur wir nicht, ungläubig wie wir sind, schon weil uns nichts anderes übrigbleibt.
THOMAS Aha. Die andern aber – die sind bereit, sich dem erstbesten Kult in die Arme zu werfen, ganz egal, wie schwachsinnig er ist?

PHILIPP Natürlich. Sie haben es doch selber gesehen. Auf die Dauer gewinnt der Glaube immer.
THOMAS Der Glaube an was?
PHILIPP Darauf kommt es nicht an. Bei den Wandlern schon ganz und gar nicht. Die glauben, ohne zu wissen an wen und woran.
THOMAS Eine grauenhafte Vorstellung.
PHILIPP Auch nicht schlimmer als das, was uns das zwanzigste Jahrhundert beschert hat. Eine Art entkernter Buddhismus, könnte man sagen.
THOMAS Die vollkommene Leere.
PHILIPP Eben. Endlich haben Sie verstanden. Gratuliere. Und Sie werden zugeben: Dagegen ist kein Kraut gewachsen.
THOMAS Eine Eintagsfliege.
PHILIPP Warten wir's ab. *Pause.* À propos, da fällt mir die Geschichte von dem Hamburger ein, der sich in der Wüste verirrt. Weit und breit kein Mensch in Sicht. Nach drei Tagen trifft er eine Fliege ...
THOMAS Den kenne ich schon.
PHILIPP Schade. Ich wollte Sie aufmuntern.
THOMAS Danke. Mir ist übel.
PHILIPP Ich weiß.
THOMAS Mein Arm tut auch wieder weh.
Philipp holt Verbandszeug und macht ihm eine Kompresse.
THOMAS Au! Können Sie nicht aufpassen?
PHILIPP Gleich wird es besser.
THOMAS Ich kann nicht mehr. Ich bin fertig.
PHILIPP Langsam, Thomas. Keine Angst. Sie haben ja mich.
THOMAS Und ich habe Sie.
PHILIPP Ja, dabei wird es wohl bleiben. Sie sollten sich hinlegen. Zugegeben, wir sind beide ziemlich fertig, aber wir sind noch lange nicht am Ende.
THOMAS Nein.
Abnehmendes Licht. Man hört Thomas weinen. Pause.

PHILIPP *ahmt die Stimme des Kommandanten nach* »Wie gefällt es Ihnen hier?« – »Wie geht es Ihnen?« – »Es gefällt mir sehr gut.« – »Bleiben Sie gesund.« – »Nichts zu danken.« *Dunkelheit.*

Zweiter Teil

PHILIPP *im Dunkeln* Verdammtes Kabel. Schon wieder ist der Stecker raus. Thomas! Thomas!
THOMAS *schläfrig* Was ist denn?
PHILIPP *wütend* Haben Sie den Stecker rausgezogen?
THOMAS Ich will meine Ruhe haben.
PHILIPP Sonst noch was?
Das Licht geht an. Philipp am Boden kriechend, mit Kabeln beschäftigt. Gleichzeitig schaltet sich der Fernseher ein.
THOMAS Muß das sein?
PHILIPP Sie können doch nicht ewig schlafen, Thomas.
THOMAS Meine Tabletten.
PHILIPP Gleich.
Der Wortwechsel überlagert vom Fernsehton.
EIN WANDLER ... auch wenn die Mächtigen dieser Welt uns den Mund verbieten wollen. Das wundert uns nicht; denn die Mächtigen dieser Welt sind fest entschlossen, daß alles so bleiben soll, wie es ist. Aber sie werden uns nicht zum Schweigen bringen! Ich bin nur einer von vielen, einer von Millionen. Wir brauchen keine Häuptlinge und keine Drahtzieher. Bei uns ist jeder ein Prophet! Überall, auf der ganzen Erde, wird unsere Botschaft vernommen.
THOMAS Immer dieses saudumme, selige Grinsen!
PHILIPP Passen Sie auf, Thomas. Gleich kommt er zur Sache.
DER WANDLER Die Wandlung ist leichter, als Sie vermuten. Gehen Sie hinaus auf die Straße, ganz gleich, wo Sie sind, in New York, in London, in Shanghai, in Middletown, Con-

necticut oder in einem indischen Dorf. Schließen Sie sich der großen Prozession an und erleben Sie selbst, was es bedeutet, ein Wandler zu sein. Sie sind nicht allein! Sie sind nicht ohnmächtig der Willkür Ihres Chefs, Ihrer Bank, Ihrer Regierung ausgeliefert. Sie brauchen nur den ersten Schritt zu tun. Der Friede wird mit Ihnen sein.

THOMAS Rindvieh!

PHILIPP Wieso? Der Junge macht seine Sache perfekt.

ANSAGERIN Das war ein Sprecher der Wandler, hier in unserem Studio. Wir lassen ihn zu Wort kommen, nicht, weil wir dieser Massenbewegung Vorschub leisten wollen, sondern weil dies ein freies Land ist, in dem jeder seine Meinung äußern kann. Und noch etwas: Unser Washingtoner Büro ist vom FBI unter Druck gesetzt worden. Man hat uns dringend geraten, auf die Ausstrahlung zu verzichten, andernfalls hätten wir mit Sanktionen zu rechnen. Das ist ein einmaliger Vorgang und ein klarer Verstoß gegen die Verfassung. CNL ist ein unabhängiger Sender. Wir setzen unsere Berichterstattung fort. Hier ist Clark Morrison in Tokyo.

REPORTER Sie können sich nicht vorstellen, Vera, wie es hier aussieht. Tokyo ist schon zu normalen Zeiten überfüllt, aber heute sind die Straßen schwarz von Wandlern. Hier ein Blick aus unserem Hotelfenster – da draußen ist die Hölle los.

PHILIPP Toll!

REPORTER In der ganzen Stadt ist dieser endlose Gesang zu hören. Weil es keinen Text gibt, ist auch keine Übersetzung nötig. Jeder kann mitjammern oder mitheulen. Jetzt tanzen sie wieder. *Knatterndes Geräusch.*

ANSAGERIN Sie sind schwer zu verstehen, Clark.

THOMAS Da gibt es nichts zu verstehen.

PHILIPP Müssen Sie dauernd dazwischenquasseln?

REPORTER Der Lärm hier, das sind die Helikopter der Polizei über dem Dach. Angeblich sind vor zwei Stunden auch die Selbstverteidigungskräfte mobilisiert worden, so nennt man hier die Armee. Das Kabinett ist zu einer Sondersitzung zusammengetreten. Niemand scheint mehr zu arbeiten. Eine Art Generalstreik, könnte man sagen. Hunderte von Wandlern sind in die Banken und in die Ministerien eingedrungen. Von Übergriffen und Plünderungen ist bisher nichts zu hören. Aber niemand weiß, wie lange der Frieden hält. Die Situation in der japanischen Hauptstadt ist äußerst gespannt. Clark Morrison, CLN, Tokyo.

ANSAGERIN CLN, immer an Ort und Stelle. Der schnellste Sender der Welt hält Sie ständig auf dem laufenden, 24 Stunden täglich. Als nächstes Berichte aus London, Rom und Bombay. Bleiben Sie dran!

Musik.

WERBESPRECHER In diesen turbulenten Zeiten wichtiger denn je: Ihre erotische Fitness. Garantierte Entspannung ohne Rezept, ohne Psychopharmaka. Ein elektronischer Genuß. Führende Ärzte sagen: täglich zehn Minuten mit Erotec erspart Ihnen die Klinik. Gratis Netzzugang unter 01177-777111. *Musik.*

PHILIPP Das würde Sie vielleicht aufmuntern, Thomas.

THOMAS Lassen Sie mich in Ruhe.

ANSAGER Auch in London scheint sich die Lage zuzuspitzen. Was gibt's bei Ihnen Neues, Charles Kennerly?

REPORTER Absolutes Chaos, Vera. Hier im Westend brennende Autos an jeder Straßenecke. Unklar, ob das die Wandler sind – man schätzt sie inzwischen auf eine halbe Million, allein in der Innenstadt – oder ob andere Gruppen sich diese riesigen Prozessionen zunutze machen. Man spricht von kriminellen Jugendbanden und von Aufständen in den Einwandererviertlen. Jedenfalls herrscht hier eine Art Bürgerkrieg. Die Polizei geht mit ganzen Hundertschaften gegen die Menge vor, die in Knightsbridge Dutzende von Ladengeschäften und Hotels gestürmt hat.

PHILIPP Sehen Sie, Thomas? Was habe ich Ihnen gesagt?

REPORTER Hier im Haus sind wir völlig eingekesselt. Die Wandler haben die Sicherheitskräfte überrannt. In der Lobby und im Treppenhaus ist bereits ihr Gesang zu hören. Draußen sind jetzt – was ist denn da drüben los? Tatsächlich, es sind Schüsse. Automatische Waffen. Ob das Scharfschützen sind? Schwer zu sagen. Auf der Straßenseite gegenüber gibt es Verwundete... *Starker Lärm im Hintergrund.* Können Sie mich verstehen, Vera? Das sind keine Banden, das sind Uniformierte. Sieht aus wie Militär. Und das mitten in London! Mein Kollege vom französischen Fernsehen sagt mir eben, daß die Satellitenverbindungen zum Kontinent zusammengebrochen sind. Angeblich Hakker. Die Wandler, heißt es, sollen auch über Hacker verfügen, die in der Lage sind, die Datennetze lahmzulegen. Andere behaupten, die Regierung habe eine totale Nachrichtensperre verhängt. Können Sie mich hören? Hier gehen die Lichter aus. Können Sie...

ANSAGERIN Charles, sind Sie noch da? Tut mir leid, die Verbindung ist abgerissen.

PHILIPP Na, was ist, Thomas? Finden Sie das immer noch langweilig?

ANSAGERIN Und was sagt das Weiße Haus, Philip?

THOMAS Philipp heißt er. Das ist gut. Genau wie Sie.

REPORTER In wenigen Minuten wird der Präsident Stellung nehmen. Es ist zu hören, daß die Nationalgarde eingesetzt werden soll. Vor allem in Virginia und in Massachusetts, wo es zu Sabotageakten gekommen ist. Wie ich soeben erfahre, ist Senator Wallis aus Michigan in der Gewalt von Geiselnehmern. Von den Tätern fehlt jede Spur.

PHILIPP Jetzt wird es richtig spannend.

REPORTER Aber es ist nicht auszuschließen, daß hier ein Zusammenhang besteht, denn zwei Gruppen von Wandlern haben am MIT und an verschiedenen privaten Forschungsinstituten prominente Wissenschaftler entführt, vor allem

Spitzenkräfte der Biotechnologie. Alle Versuche des FBI, die Rädelsführer der Wandler zu identifizieren, sind gescheitert. Die bisherigen Festnahmen und die nächtlichen Schußwechsel in Kalifornien haben nur dazu geführt, daß sich immer mehr Menschen der Bewegung anschließen. Dem Vernehmen nach ist der Präsident entschlossen, mit aller Härte gegen gewalttätige Wandlergruppen vorzugehen. Zugleich wird er auf seiner Pressekonferenz jedoch klarmachen, daß er die Wünsche der Wandler ernst nimmt. Die Regierung ist bereit, mit ihnen zu verhandeln. Es ist jedoch nach wie vor unklar, wer die Bewegung eigentlich vertreten kann.

ANSAGERIN Philip, unsere Satellitenverbindungen nach Europa und nach Japan sind vor wenigen Minuten zusammengebrochen. Wie sieht man das in Washington? Sind die amerikanischen Netze noch intakt?

REPORTER Aber ja. Bisher jedenfalls wurden keine Schwierigkeiten gemeldet. Einen Moment. Der Präsident wird gleich hier sein. Die Stimmung hier im Saal ist ...

Rauschen aus dem Fernsehgerät. Philipp versucht seinen gewöhnlichen Trick: er hämmert auf das Gehäuse, ohne Erfolg.

PHILIPP Verdammte Scheiße.

THOMAS Ja, das war's dann wohl. Funkstille.

PHILIPP Aber ich will wissen, was los ist, Herrgott nochmal!

THOMAS Wozu denn? Wir sind doch nur Zuschauer.

PHILIPP Sie verstehen gar nichts, Thomas, weil Sie ein Seeigel sind.

THOMAS Vielleicht kriegen wir einen anderen Sender rein.

PHILIPP *versucht es, dreht an den Knöpfen, schlägt aufs Gehäuse, vergebens.*

THOMAS Oder der Kasten ist endgültig hinüber.

PHILIPP *außer sich* Was? Mein Fernseher? Jetzt reicht es mir aber! Ich halte das nicht mehr aus! Ich ... Ich ... Ich mache Schluß.

Er wirft mit einem Stuhl und fängt an, Gegenstände zu zertrümmern, Gläser, den Handspiegel.
THOMAS Unser Spiegel Die Tassen! Jetzt ist er völlig durchgedreht. Schluß jetzt, Philipp! Aufhören!
Er fällt ihm in den Arm.
PHILIPP Lassen Sie mich los! Loslassen!
THOMAS Was haben Sie denn?
PHILIPP *läßt sich auf den zweiten Stuhl fallen, müde* Das ist doch kein Leben mehr.
THOMAS Nur wegen dem blöden Fernseher?
PHILIPP Was denn sonst?
THOMAS Ich verstehe Sie nicht.
PHILIPP Ohne Fernsehen ist überhaupt nichts mehr da. Kein Meer, kein Schnee, keine Frauen.
THOMAS Frauen? Was für Frauen? Sie sitzen Tag und Nacht vor der Glotze, und was sehen Sie? Börsennachrichten, Pressekonferenzen und hie und da einen kleinen Krieg. Nichts als Lügen, Blut und Scheiße!
PHILIPP Alles besser als das hier, diese Mücken, diese Hitze, dieses gottverlassene Nirwana. Keine Außenwelt. Kein Leben. Gar nichts.
THOMAS Das stimmt. Aber phantasieren kann man überall, sogar in einer Gummizelle.
PHILIPP Ohne Fernseher? Wie denn? Wissen Sie, was ich am liebsten sehe?
THOMAS Die Nachrichten. Fünfmal am Tag.
PHILIPP Ach was! Die Werbung. Vor allem diese altmodischen Parfumreklamen. Diese paradiesischen jungen Leute, wie sie am Strand übereinander herfallen. Wunderbare, geschmeidige Körper, die sich lieben. So einfach ist das.
THOMAS Soll ich Ihnen eine Geschichte erzählen?
PHILIPP Wenn es sein muß.
THOMAS Also passen Sie auf. *Das folgende im Ton eines Märchenerzählers. Während Philipp zuhört, beginnt er, die*

Scherben aufzukehren und das verwüstete Zimmer in Ordnung zu bringen.
Es war einmal ein Hirte, der in der Mittagshitze, da er seine Schafe weidete, eingeschlafen war, und im Traum sah er alle Herrlichkeiten des Paradieses. Da kam der Kalif, der auf die Jagd ging, mit seinem Gefolge vorbei, stieß ihn mit seinem Degen an und rief: Was schläfst du, statt deine Schafe zu hüten? Der Hirte erwachte und erwiderte: Was fällt dir ein, du Esel? Hatte ich nicht die schönsten Gesichte vor Augen, und jetzt bin ich wieder ein Hungerleider und erblicke nur eine Mißgeburt wie dich?
Wehe dir, schrie der Kalif. Kennst du mich nicht?
Wohl weiß ich, was für ein Grobian du bist, denn du hast mich aus meinem Traum gerissen, ohne mir guten Tag zu sagen.
Unseliger, war die Antwort, du wirst ein böses Ende nehmen, denn ich bin Hescham, der Kalif.
Aber der Hirte hörte nicht auf, ihn zu beschimpfen, bis der Herrscher befahl, ihn festzunehmen und zu fesseln. Arabischer Hund, sagte einer aus dem Gefolge zu ihm, warum fällst du nicht auf die Knie vor dem Beherrscher der Gläubigen?
Dieser Hurensohn hat mir den Anblick des Paradieses geraubt, antwortete der Beduine.
Du weißt nicht, was du sagst, sprach jetzt der Kalif zu ihm. Bedenke, daß deine letzte Stunde gekommen ist.
Mag sein, sagte der Hirte, aber tötet mich wenigstens nicht mit eurem Geschwätz. Als ich schlief, sah ich einen Glanz und eine Herrlichkeit, von der Ihr euch nichts träumen laßt.
Henker, rief der Kalif in der größten Wut, nehmt diesen Unseligen, der seine Zunge nicht hüten kann, beim Kopf, denn er ist des Todes.
Der Henker schwang die Keule über dem Unglücklichen, doch bevor er sie niederfallen ließ, fragte er den Kalifen, wie

das Gesetz es verlangt, drei Male: Beherrscher der Gläubigen, sag mir, soll ich den tödlichen Streich führen? Und der Kalif antwortete ihm dreimal: Ja!
Da lachte der Hirte ihm ins Gesicht.
Elender Wicht, sagte der Kalif, wie kannst du lachen im Augenblick deines Todes?
Ach, antwortete der Beduine, ich lache über Euch und Eure Wichtigkeit. Aber bevor ich auf ewig schweige, muß ich Euch noch eine Geschichte erzählen. Ein Falke war dabei, einen Sperling zu erwürgen, den er gefangen hatte. Laß mich, sagte der Sperling, es lohnt nicht der Mühe, mich zu fressen. Der Falke schenkte ihm das Leben und sagte: Was soll ich mit ihm, er ist doch nur ein Sperling.
Dem Kalifen gefiel diese Fabel so gut, daß er dem Hirten vergab. Träume weiter, Dummkopf, sagte er, wenn dir diese flüchtigen Bilder mehr bedeuten als dein Leben, und ließ ihn laufen.

PHILIPP *muß lachen.*
THOMAS Sehen Sie? Geht schon wieder.
PHILIPP Ich weiß nicht, was mit mir los ist. Ich muß völlig ausgerastet sein. Tut mir leid.
THOMAS Macht nichts.
PHILIPP Woher haben Sie diese Geschichte?
THOMAS Weiß ich nicht mehr.
PHILIPP Klingt ganz nach *Tausend und eine Nacht.*
THOMAS Jedenfalls nicht aus dem Fernsehen. Wir sind allein, Philipp, kapieren Sie das endlich. Eine Außenwelt gibt es nicht. Wir sind auf unsere winzigen Gehirne angewiesen. Wie dieser Engländer im Dschungel.
PHILIPP *A Handful of Dust.*
THOMAS Eben. Es gibt Schlimmeres. »Was hülfe es dem Menschen, ob er gleich alle Sender der Welt empfinge und verlöre sich selbst oder nähme Schaden an seiner Seele.« Ich zitiere sinngemäß.

PHILIPP Bibelfest sind Sie auch noch.
THOMAS Lukas neun, fünfundzwanzig.
PHILIPP Naja. Daß gegen die Religion kein Kraut gewachsen ist, habe ich schon immer gewußt. Siehe die Wandler, die sind der beste Beweis. Mit denen wird auch niemand fertig werden.
THOMAS Religion nennen Sie das? Diesen Schwachsinn? Mit Religion haben diese Idioten nichts zu tun. Das ist leeres Stroh. Von Überzeugung keine Spur.
PHILIPP Eben. Das ist ja gerade das Neue.
THOMAS Der blanke Irrsinn ist das. Und der Präsident der Vereinigten Staaten knickt vor diesen Verrückten ein. Da gibt es doch nichts zu verhandeln.
PHILIPP Was würden Sie denn an seiner Stelle tun?
THOMAS Ich wüßte schon, wie man diesen Saustall ausmistet.
PHILIPP So? Wie denn?
THOMAS Das ist doch ganz klar. Man muß die Organisation enthaupten. Die Zentrale liquidieren. Wenn Sie das schaffen, erlischt die ganze Bewegung wie ein Zündholz. *Er bläst ein imaginäres Streichholz aus.* So.
PHILIPP Aber wenn es gar keine Organisation gibt?
THOMAS Das glauben Sie doch selber nicht! »Wir brauchen keine Drahtzieher und keine Häuptlinge.« Daß ich nicht lache! Ich kenne mich aus in diesen Dingen. Spontane Aktion, von wegen. Da stecken ganz andere Leute dahinter, die wissen genau, was sie wollen. Man muß die Kader infiltrieren, die Leitungsebene ausforschen und unschädlich machen. Unglaublich, was sich die Amerikaner da leisten. Purer Dilettantismus ist das! Die werden sich noch wundern. Religion! Hat sich was mit Religion. Wenn diese Leute das Heft in die Hand nehmen, und nichts anderes haben sie im Sinn, dann gnade uns Gott.
PHILIPP Uns doch nicht! Wir sind doch nur Zuschauer.

THOMAS Den Voyeur spielen, das könnte Ihnen so passen. Aber mit dem Zuschauen ist es erst mal vorbei.
PHILIPP Wenn schon. Uns kann es jedenfalls egal sein. Ich glaube kaum, daß der Kommandant Lust hat, zu Fuß zu gehen. Der ist bestimmt kein Wandler.
THOMAS Jetzt spricht wieder der alte Zyniker aus Ihnen, Philipp. Ein Zeichen, daß es Ihnen besser geht.
PHILIPP Und aus Ihnen der alte Terrorist. Nur daß Sie diesmal auf der Seite der Ordnung stehen. Glauben Sie immer noch, Sie wüßten, wo's lang geht? Daß Sie der Richtige wären, um die Welt in Ordnung zu bringen? Mein lieber Thomas...
THOMAS *schweigt. Pause.*
PHILIPP Wissen Sie, was mich wundert? Daß ausgerechnet Sie die Wandler nicht verstehen. Sie wollten doch selber so was Ähnliches sein, oder habe ich Sie falsch verstanden? Wie war denn das damals? Das kann so nicht bleiben, werden Sie sich gesagt haben, das muß alles ganz anders werden. Da waren Sie vielleicht zwölf oder vierzehn. Und Sie hatten Ihre guten Gründe. Persönliche Gründe, die Pubertät, Ärger mit den Eltern oder in der Schule, was weiß ich. Aber nicht nur das. Nein, Sie hatten ganz einfach recht! Ein Blick in die Zeitung, das hat Ihnen gereicht – als Kind haben Sie sicher viel Zeitung gelesen –, und dann später der Indientrip, der Besuch in einer brasilianischen Favela, die Heldentaten der Guerrilla, und so weiter und so fort. Aber dann saßen Sie wieder zu Hause in Ihrem möblierten Zimmer und schrieben an Ihrer Magisterarbeit... Daß es so nicht weitergehen konnte, daß gegen die unhaltbaren Zustände etwas getan werden müßte, das war Ihnen doch völlig klar. Oder?
THOMAS Es paßt mir nicht, wie Sie das sagen, Philipp.
PHILIPP Natürlich nicht. Und dann die Schwäche, die Einsamkeit. Unerträglich! Die Wut, die Frustration, die Empörung. Das alles immer nur im eigenen Kopf. Die totale Isola-

tion. Der Haß und die Gewißheit, daß die Menschheit auf dem Holzweg ist. Das war nicht auszuhalten. Aber allein geht gar nichts. Man braucht die andern, und irgendwann findet man sie auch. Sie wollten eben dazugehören, genauso wie die Wandler dazugehören wollen. Eine verschworene Gemeinschaft. »Gemeinsam sind wir stark.« So hieß es doch bei den Genossen?

THOMAS Genossen! Daß ich nicht lache. Sie haben ja keine Ahnung. Woher auch. Sie haben sich ja aus allem herausgehalten.

PHILIPP Nicht ganz. Sonst wäre ich nicht hier.

THOMAS Halten Sie den Mund und lassen Sie mich ausreden. So wie Sie sich das vorstellen, war es nicht. Nach außen hin ist jede konspirative Gruppe auf eiserne Disziplin angewiesen, nach innen aber ist sie meistens nur ein wirrer Haufen. Nur der Druck der Fahndung hat uns zusammengehalten. Wirklich fanatisch bei der Sache waren eigentlich nur die Frauen. Die Männer haben sich an ihre Waffen geklammert, weil ihnen nichts anderes übrigblieb. Unsere Entschlossenheit war weiter nichts als eine permanente Flucht nach vorn. Im Grunde saßen wir von Anfang an in der Falle. Illegalität – wissen Sie, was das bedeutet? Klaustrophobie und Paranoia. In der Gruppe hat jeder den andern verdächtigt. Überall Verräter, vor allem in den eigenen Reihen. Und am Ende hat einer den anderen ans Messer geliefert.

Glauben Sie, ich wäre freiwillig in diese Drogengeschichte reingeschlittert? Die Gruppe hat immer nur von Logistik geredet. Sichere Wohnungen. Geldbeschaffung. Alle Mittel sind erlaubt, wenn es um die Sache geht. Und als ich aufgeflogen bin, in Kuala Lumpur, da haben die Genossen mich fallenlassen.

PHILIPP *lacht* Ja, das geht schnell. Über Nacht ist man abserviert. Davon kann auch ich ein Lied singen. Komisch. Am

Montag war ich der *Master of the Universe*, am Dienstag hat mich keiner mehr gekannt. Frau weg, Geld weg, Paß weg.

THOMAS Genau. Dann die Schlagzeilen, Nummer eins in den Abendnachrichten, überall alte Fotos, eine Woche lang geht das so, dann haben sie einen vergessen. Beim Geheimdienst hätten sie mich beinahe totgeprügelt. Drei Tage lang hatten sie mich in der Mangel. Konsulat, Rotes Kreuz, Amnesty – von denen hat sich keiner blicken lassen.

PHILIPP Ich weiß, ich weiß. Das haben Sie mir doch schon vor Jahren erzählt. Warum lassen Sie es nicht gut sein, Thomas? Ich will es Ihnen sagen. Weil das unsere Glanzzeiten waren. Veteranengeschichten. Wir haben keine andern. Uns wird nie wieder was passieren.

THOMAS Wir sitzen in einem Boot.

PHILIPP Auf dem Trockenen.

Die folgende Litanei, eine Art Zungenreden, steigert sich langsam, wird immer schneller und lauter, bis zur Unverständlichkeit, und endet in einem Singsang, der an den Gesang der Wandler erinnert.

PHILIPP Sieg im Volkskrieg!

THOMAS Portfolio Management!

PHILIPP Freiheit für das Baskenland!

THOMAS Liquiditätsspritze!

PHILIPP Leuchtender Pfad!

THOMAS Moratorium!

PHILIPP Für die islamische Revolution!

THOMAS Geldmengenziel! Offshore Banking!

PHILIPP Macht kaputt, was euch kaputt macht!

THOMAS London Interbank Offering Rate!

PHILIPP Tod dem Zionismus!

THOMAS Yaminichi Samsun Hyundai!

PHILIPP Freiheit für alle politischen Gefangenen!

THOMAS Nikkei Nasdaq Euro-Stoxx!

PHILIPP Internationale Solidarität!
THOMAS Rollover! Hedge Fund! All-Time High!
PHILIPP Allah Akbar!
THOMAS Globales Wealth Planning!
PHILIPP Hisbollah!
THOMAS Beschleunigter Aufwärtstrend!
PHILIPP Dschihad!
Der Singsang bricht ab. Hysterisches Lachen. Erschöpftes Schweigen. Pause.
THOMAS *ahmt den Kommandanten nach.* »Wie geht es Ihnen?« »Danke, ausgezeichnet.« »Haben Sie gut geschlaft?« – Wie oft soll ich es noch sagen? Es heißt nicht *geschlaft*, es heißt *geschlafen*! – »Haben Sie gut geschlafen?« »Ja.« »Wie gefällt es Ihnen hier?« »Es gefällt mir sehr gut.«
PHILIPP Das sind Fortschritte.
THOMAS Zum Verrücktwerden.
PHILIPP Der Spruch kommt mir bekannt vor. Das haben wir schon einmal gehabt.
THOMAS Wir haben alles schon einmal gehabt.
PHILIPP Ihre Tabletten, Thomas. Ich fürchte, es ist die letzte Dosis.
THOMAS Danke. Und was ist das da? In dem Röhrchen?
PHILIPP Ach das . . . Nur meine eiserne Ration. Für alle Fälle. Die würden genügen. Haben Sie nie daran gedacht?
THOMAS Schluß zu machen? Nein. Warum?
PHILIPP Es wäre eine Art Lösung.
THOMAS Auf keinen Fall. Außerdem wäre es unhöflich.
PHILIPP Unhöflich? Gegen wen?
THOMAS Gegen mich.
PHILIPP Ein ziemlich schwaches Argument.
THOMAS Herrgott nochmal, mit wem soll ich mich denn unterhalten, wenn Sie weg sind? Mit dem Kommandanten?
PHILIPP Sie könnten sich ja mit dem Fernseher anfreunden.
THOMAS Der tut es nicht mehr. Geben Sie das Zeugs her!

PHILIPP Ich denke nicht daran. Das sind meine Tabletten.
THOMAS Oder bluffen Sie nur? Ich kenne Ihre Tricks. Das sind Placebos.
PHILIPP Natürlich. Wollen Sie probieren? Bitte.
THOMAS Her damit!
Er nimmt das Glas und zertrampelt es.
PHILIPP Schade! Aber Sie hatten recht. Es war nur Aspirin.
THOMAS Unverschämtheit!
PHILIPP Sie wollten doch, daß ich Sie unterhalte. Also.
THOMAS Also kann uns nichts mehr passieren.
PHILIPP Das fürchte ich auch. *Pause.* Ein Bier?
THOMAS Danke.
PHILIPP Wenn noch eines da ist.
Sie trinken.
THOMAS Warm.
PHILIPP Immer dasselbe.
THOMAS Unvermeidlich. Die Wiederholung ist die Wirklichkeit, der Ernst des Daseins.
PHILIPP Wieso?
THOMAS Insofern das Individuum sich selbst als existierendes wiederholt, indem es sich seine Vergangenheit je neu zueignet.
PHILIPP Blödsinn.
THOMAS Kierkegaard.
PHILIPP *lacht* Ja dann! Da fällt mir ein, kennen Sie den mit dem Chinesen, der nach Kopenhagen kommt und auf den Friedhof will?
THOMAS Nicht schon wieder!
PHILIPP Also der Chinese trifft zwei Dänen und fragt sie: »Wo geht's hier bitte zum Friedhof?« Die Dänen zucken mit den Achseln, weil sie kein Chinesisch verstehen. Da versucht es der Chinese auf Englisch. Keine Reaktion. Er fragt auf Französisch, auf Russisch, auf Italienisch. Wieder nichts. Der Chinese gibt auf und geht weg. Weit und breit kein

Friedhof in Sicht. Die beiden Dänen schauen sich an. Sagt der eine: »Donnerwetter! Ein sehr gebildeter Mann.« – »Das schon«, sagt der andere, »aber hat es ihm was genützt?«

THOMAS *höhnisch* Ha, ha, ha.

PHILIPP Oder den mit dem Hamburger in der Wüste?

THOMAS Bitte nicht. Den kann ich schon auswendig.

PHILIPP Dann eben nicht. *Pause.*

THOMAS Wenn uns jemand hören könnte... Womöglich sind wir nicht mehr ganz dicht.

PHILIPP Sie vielleicht, Thomas. Ich bin jedenfalls völlig klar.

THOMAS Da bin ich mir nicht so sicher. Jeder Psychiater würde uns in die geschlossene Anstalt bringen.

PHILIPP Da sind wir schon.

THOMAS Ihre Witze habe ich allmählich satt.

PHILIPP Und? Was schlagen Sie vor? Sollen wir uns umbringen?

THOMAS Ausgeschlossen. Den Gefallen tun wir niemandem, schon gar nicht unsern lieben Freunden in der Heimat. Im übrigen wäre es rücksichtslos. Denken Sie nur an den Kommandanten. Er stünde ohne Deutschlehrer da. Und ohne Buchhalter.

PHILIPP Also?

THOMAS Wir sind die wir sind.

PHILIPP Unwandelbar.

Der Regen setzt wieder ein. Abnehmendes Licht.

THOMAS Das ist die Hölle.

PHILIPP Unsinn. Die Hölle ist draußen. Wir sind im Limbus.

THOMAS Limbus?

PHILIPP Steht das nicht bei Ihrem Kierkegaard? Aber der war ja Protestant.

THOMAS Worauf wollen Sie hinaus?

PHILIPP Wir hatten einen in der Jesuitenschule, der redete immer vom Limbus. Wahrscheinlich hat er damit gerechnet, daß er selber dort landen würde. Ein wunderbarer Kauz. Pater Ambrosius hieß er. Unvergeßlich. *Im Tonfall eines Jesuitenpaters.* »Der Limbus, in der Sprache der Laien auch Vorhölle genannt, ein völlig falscher, irreführender Ausdruck, der Limbus also ist jener Ort, an dem sich die Toten aufhalten, denen weder Seligkeit noch Verdammnis zuteil wurde.« Kapiert?

THOMAS Nein.

PHILIPP Stellen Sie sich nicht dümmer als Sie sind, Thomas! Unser Camp hier – Seligkeit kann man das nicht nennen, aber Verdammnis? Wir wollen doch nicht übertreiben. Der Tod hat Vor- und Nachteile, das werden Sie zugeben. Und was haben wir? Nur die Vorteile. Oder sehe ich das falsch?

THOMAS Besser als draußen ist es jedenfalls.

PHILIPP Sehen Sie!

THOMAS Wenn ich bloß an diese Wandler denke...

PHILIPP Ohne uns.

THOMAS Auf jeden Fall. Also?

PHILIPP Gut haben wir's hier.

THOMAS Ja, wir haben es gut.

Völlige Dunkelheit. Nur das Geräusch des Regens ist zu hören.

Ende

Ein Dialog über den Luxus

Zwei Herren auf einer Hotelterrasse, die sich offenbar von früher kennen. Der Zufall hat sie zusammengeführt.

DER EINE Beim besten Willen, alter Freund, ich verstehe nicht, was das alles soll. Diese eleganten Tüten, die Ihre Frau heimschleppt, diese Kataloge, die sie studiert, und dann Ihre ewigen Fünf-Sterne-Hotels, Ihre Wellness-Kliniken, Ihre traumhaften Ferienresidenzen mit angeschlossenem Golfplatz, Sicherheitsstufe eins – diese kostspieligen Müllhalden, die Sie um sich herum auftürmen... Wie Sie das aushalten, ist mir ein Rätsel. Muß denn das sein?

DER ANDERE Donnerwetter! Sie legen sich ja mächtig ins Zeug. Das hätte ich Ihnen gar nicht zugetraut. Kommen Sie, mein Lieber, nehmen Sie erst mal einen Schluck von diesem Dom Pérignon, ein erstklassiger Jahrgang. Das entspannt. Auf Ihr Wohl!

DER EINE Wirklich nicht schlecht. Aber als Bestechungsversuch nicht sehr überzeugend.

DER ANDERE Mir leuchtet sowas mehr ein als Ihre Kapuzinerpredigt. Entschuldigen Sie, aber was Sie da vorbringen, das sind doch die abgedroschensten Motive einer Kulturkritik, die so alt ist wie die Zivilisation. Der bedürfnislose Diogenes in seinem Faß, damit geht es an. Dann kam das Christentum mit seiner Kritik am irdischen Sündenpfuhl und mit dem Lob der Askese. Auch die Puritaner ließen sich nicht lumpen, sowenig wie ihre linken Erben, die Kommunisten, die ja ganz besondere Gründe hatten, den Verzicht zu predigen, weil sie mit ihrer Planwirtschaft gar nicht in der Lage waren, für die Bedürfnisse einer modernen Gesellschaft zu sorgen. Und so weiter bis zu unsern guten Achtundsechzigern, denen ausgerechnet das Kaufhaus an der Zeil ein Dorn im Auge war, wo die kleinen Leute ihr Waschpulver und ihre Hausschuhe abholen...

DER EINE Jetzt sind Sie es, der sich ereifert! Aber langsam, lieber Freund. Sie haben mich gründlich mißverstanden. Am Ende glauben Sie vielleicht sogar, daß ich Ihnen Ihren Dom Pérignon mißgönne? Weit gefehlt. Ganz im Gegenteil. Ich nehme gern noch ein Glas. Doch damit wir uns nicht völlig verheddern, schlage ich vor, daß wir ein paar elementare Unterschiede beachten. Es sei denn, daß ich Sie langweile. Das wäre natürlich unverzeihlich.

DER ANDERE Wo denken Sie hin! Spannen Sie mich nicht auf die Folter. Was für Unterschiede meinen Sie denn?

DER EINE Erst mal den zwischen Verschwendung und Luxus. Zweitens den zwischen Luxus und Konsum. Und dann sehen wir weiter. Vielleicht darf ich noch hinzufügen, daß mich persönlich weder der Konsum noch der Luxus stört, und schon ganz und gar nicht die Verschwendung.

DER ANDERE Mich schon. Ich sehe nicht ein, warum wir unsere Ressourcen vergeuden und das, was uns gegeben ist, zum Fenster hinauswerfen sollten.

DER EINE Aber das ist doch vollkommen unvermeidlich!

DER ANDERE So? Ich finde, das ist eine abstruse Idee.

DER EINE Keineswegs. Die Verschwendung ist eine Natur- und Himmelsmacht. Das sollten Sie wissen! Menschen, die sich mit dem Notwendigen begnügen und das Überflüssige verschmähen, gibt es nicht. Und das ist keine Frage von arm und reich. Ganz egal, ob Sie an die australischen Aborigines denken oder an die Bewohner von Silicon Valley, an die Indianer des Amazonas oder die Spekulanten von Shanghai – eines haben sie alle gemeinsam, und das ist die Verschwendung. Sie gehört zu den anthropologischen Konstanten, und wissen Sie, woher das kommt?

DER ANDERE Nein.

DER EINE Ich auch nicht. Aber ich vermute, daß die biologische Evolution daran schuld ist. Die arbeitet ja auch mit einer Ökonomie des Überflusses. Millionen von Spermatozoen, und was kommt dabei heraus? Im besten Fall Zwillinge.

DER ANDERE Das ist ja der reinste Biologismus! So einfach sollten Sie sich die Sache nicht machen.

DER EINE Ich beobachte ja nur, was der Fall ist. Gerade bei den ärmsten Völkern können Sie Exzesse der Gastfreundschaft bemerken. Das ist geradezu eine Ehrensache. Der Knauser wird verachtet. Von der indischen Hochzeit bis zum rheinischen Karneval herrscht die rücksichtslose und manchmal auch ruinöse Verausgabung.

DER ANDERE Das scheint Sie offenbar zu erfreuen.

DER EINE Es imponiert mir. Und beachten Sie bitte, daß an der Verschwendung keine rationale Kontrolle, kein empörter Zwischenruf, kein bürokratisches Verfahren etwas ändern kann. Im Gegenteil! Der Bund der Steuerzahler kann einem leid tun mit seinem vergeblichen Kampf, alle Jahre wieder. Auch die Rechnungshöfe gehen ganz umsonst gegen die sinnlose Vergeudung von Steuergeldern vor. Man kann sogar sagen: Je höher der Einsatz, desto eifriger der Kult der Vernichtung. Gespart wird nur im kleinlichsten Maßstab. Milliarden hingegen werden leichten Herzens und besinnungslos aus dem Fenster geschmissen. Denken Sie nur an die Weltausstellung in Hannover oder an die Fußball-Weltmeisterschaften.

DER ANDERE Mit dem, was ich Luxus nenne, hat das alles nichts zu tun.

DER EINE Da mögen Sie recht haben. Denn beim Luxus herrscht nicht die Anarchie, sondern die strenge Regel.

DER ANDERE Auch das noch! Ich dachte immer, näher kann man dem Reich der Freiheit gar nicht kommen, als wenn man Distanz gewinnt zur Einöde der sogenannten Normalität.

DER EINE Ich fürchte, das ist etwas zu hoch gegriffen. Das Reich der Freiheit ist kein Traumgrundstück für Milliardäre. Das müßten Sie doch am besten wissen!

DER ANDERE Sie überschätzen meine Möglichkeiten. Von neunstelligen Konten bin ich weit entfernt.

DER EINE Darauf kommt es bei unserer Betrachtung nicht an. Ich will auf etwas anderes hinaus.

DER ANDERE Ich höre Ihnen gerne zu.

DER EINE Der Luxus, denke ich, ist weit entfernt von der Triebnatur der Verschwendung. Er gehorcht einem strikten Code, und der hängt wiederum von den vorherrschenden Standes- und Klassenverhältnissen ab.

DER ANDERE Aha! Dem Prediger hängt der marxistische Hemdzipfel heraus. Nur so weiter! Gleich werden wir beim Klassenkampf landen.

DER EINE Es wäre nicht die schlechteste Idee. Sie brauchen sich ja nur die abwechslungsreiche Geschichte des Luxus vor Augen zu führen. Marx hin oder her, immer ist der Luxus einer langen Reihe von geschriebenen und ungeschriebenen Gesetzen gefolgt, zeremoniellen Vorschriften, Kleiderordnungen, Tischsitten, oder, wenn Sie postmoderne Reden bevorzugen, dem *lifestyle* der Privilegierten.

DER ANDERE Eine großartige Entdeckung! Daß es nicht gerade die Ärmsten sind, die sich dem Luxus an den Hals werfen – ich hab's geahnt.

DER EINE Aber Sie machen einen Fehler.

DER ANDERE So?

DER EINE Sie sehen nur den Genußaspekt des Luxus.

DER ANDERE Da mögen Sie recht haben.

DER EINE Aber verstehen Sie nicht, daß er auch eine Pflicht ist, und zwar oft genug eine lästige Pflicht? Um beim Lever des Sonnenkönigs anzutreten, mußten Sie sich gründlich vorbereiten; um im Country Club mitzuhalten, dürfen Sie keine Kosten scheuen, und wenn Sie einen Blick in Ihren Terminkalender werfen, werden Sie sehen, daß das, was Sie Luxus nennen, auch ein Zwang ist.

DER ANDERE Den ich mir gern gefallen lasse.

DER EINE Ich möchte weiß Gott nicht unhöflich sein, aber wenn Sie mir ein offenes Wort erlauben ...

DER ANDERE Nur zu!

DER EINE Sie lassen sich das alles gefallen, weil Sie ein Aufsteiger sind.

DER ANDERE Na und? Ohne Aufsteiger geht es nicht. Wie lange ist man ein *nouveau riche*? Zwei Generationen lang vielleicht. Und dann?

DER EINE Das ist der Lauf der Welt.

DER ANDERE Und was hat der mit dem Luxus zu tun?

DER EINE Das ist ja das Interessante. Der Aufsteiger ist gezwungenermaßen ein Nachahmer. Natürlich meine ich damit nicht Sie.

DER ANDERE Natürlich nicht.

DER EINE Ich meine uns alle. Nehmen Sie das Hotel zum Beispiel, in dem wir hier sitzen. Es heißt *Palace*. Die Karriere des Luxushotels hat als Imitation des Adelspalastes begonnen. Als die Hofköche nach der Französischen Revolution arbeitslos waren, haben sie das Restaurant erfunden, und heute noch tragen die Kellner eine Tracht, die den Abendanzug der Herrschaften nachahmt.

DER ANDERE Um so besser! Das ist die Demokratie. Hier kann jeder Platz nehmen, der eine Kreditkarte hat.

DER EINE Schauen Sie sich doch um! Die Leute kommen mit Rucksäcken an, stehen Schlange an der Rezeption, und wer einen Koffer hat, der muß ihn selber aufs Zimmer bringen. Wo bleibt da der Luxus?

DER ANDERE Sie verblüffen mich! In zehn Minuten haben Sie sich vom Gegner des Luxus in seinen Verteidiger verwandelt. Unser angenehmes Hotel ist Ihnen wohl nicht exklusiv genug?

DER EINE Wie oft soll ich es Ihnen noch sagen? Ich bin nur ein Beobachter.

DER ANDERE Sie sind mein Gast. So etwas wie einen reinen Beobachter kann es im übrigen gar nicht geben. Mit andern Worten: Sie sind immer auch ein Teil dessen, was Sie beobachten.

DER EINE Zweifellos. Aber in meiner Eigenschaft als Beobachter stelle ich fest, daß die Exklusivität, von der die Reklame redet, eine Illusion ist, um nicht zu sagen, ein Betrug.
DER ANDERE Und früher war das Ihrer Meinung nach anders? Ein bißchen Schwindel hat, glaube ich, immer dazugehört.
DER EINE Hören Sie, was war eigentlich der Witz bei der Erfindung des Luxus? Ich will es Ihnen sagen. Es war der Distinktionsgewinn. Das ganze Schauspiel diente dazu, sich von den andern zu unterscheiden. Deshalb kann als Luxus nur gelten, was nicht alle für sich in Anspruch nehmen können. Im Zeitalter der Massenproduktion gibt es aber keine Exklusivität mehr.
DER ANDERE Und das stört Sie? Sie sollten sich darüber freuen!
DER EINE Schauen Sie sich doch einen beliebigen Tax-Free-Shop auf einem Flughafen oder eine amerikanische Shopping Mall an! Überall dasselbe Bild, dieselben Marken, dieselben Verpackungen, und überall das Versprechen: Wenn du das Zeug kaufst, bist du was Besonderes. Und wenn du es nicht kaufen kannst, bist du ein Penner, ein Versager.
DER ANDERE Selber schuld, wer so denkt.
DER EINE Sie vergessen, daß es eine proteische *middle class* ist, die überall auf der Welt den Ton angibt, und zwar ebenso rigide und erbarmungslos, wie vor ein paar hundert Jahren der Adel. Alle andern hetzen hinter diesem Vorbild her, und wenn sie es nicht erreichen können, empfinden sie das als Demütigung. „Ohne ungeheuren Überfluß", das wußte Denis Diderot schon vor zweihundertfünfzig Jahren, »hält sich nun jeder Stand für verelendet.« Das gilt auch für die sogenannte Dritte Welt, der im Fernsehen vorgeführt wird, was man bei uns für das Existenzminimum hält.
DER ANDERE Und was folgt daraus?
DER EINE Zunächst einmal, daß alle unzufrieden sind, ob zu

Recht oder zu Unrecht. Sehen Sie, nach einer Definition der Europäischen Kommission gilt jeder Mensch als arm, der weniger als die Hälfte des Durchschnittseinkommens verdient. Daraus folgt nicht nur, daß uns die Armut nicht ausgehen kann, ganz egal, wie reich wir sind; es bedeutet auch, daß jeder irrt, der den Luxus mit dem Lebensstandard verwechselt. Dieser hat mit Luxus nichts zu tun, dafür aber um so mehr mit dem Konsum.

DER ANDERE Ich sehe immer noch nicht ein, was daran so schlimm sein soll.

DER EINE Gar nichts, abgesehen von den ökologischen Konsequenzen. Seitdem einem jeden ein Fernseher zusteht, ein Pauschalurlaub und ein Designer-Turnschuh, ist die klassische Vorstellung von dem, was Luxus ist, erledigt. Er ist sozusagen auf der Flucht vor sich selbst. Aus diesem simplen Grund haben Sie vorhin keinen hundsgemeinen Sekt bestellt und nicht einmal einen Champagner, sondern diese lächerlich teure Flasche mit dem ganz besonderen Etikett.

DER ANDERE Darf es noch ein Gläschen sein?

DER EINE Gern. Aber Sie müssen zugeben, daß diese Logik der Steigerung etwas Absurdes hat. Die Absetzbewegung von den andern, was den Konsum betrifft, nimmt ja dort, wo das Geld ist, geradezu hysterische Züge an. Das kann zu paradoxen Resultaten führen. Während zum Beispiel die Neuen Russen ihre Schwimmhallen mit vergoldeten Säulen ausstatten, fährt ein reicher Erbe, den ich kenne, einen ungewaschenen Kleinwagen, um sich von solchen Neureichen zu unterscheiden.

DER ANDERE Damit läuft aber Ihre Polemik gegen den Luxus ebenso ins Leere wie ihre Verteidigung.

DER EINE Sie haben recht. Das eine wäre so lächerlich wie das andere. Aber ich will auf etwas anderes hinaus. Wenn unsere Statuskämpfe sich nur noch darum drehen, welches Etikett mein Polohemd trägt und welche Farben die Streifen auf meinen Turnschuhen haben, dann spielen wir in einer endlosen Tragikomödie mit, die mit dem historischen Luxusbegriff längst nicht mehr zu fassen ist.

DER ANDERE Und was ist, wenn ich mir einen Jasper Johns kaufe oder ein Bild von Gerhard Richter? Fünf Millionen Dollar kann schließlich nicht jeder hinblättern.

DER EINE Allerdings. Der Kunstmarkt ist die letzte Zuflucht der Superreichen. Er sorgt mit seinen Preisen für die ersehnte Seltenheit. In seinen Bietergefechten siegt der Mut der Verzweiflung. Doch Sie glauben wohl nicht im Ernst, daß man damit der Lächerlichkeit entgeht?

DER ANDERE Also täten wir am besten daran, in Sack und Asche zu gehen? Oder was schlagen Sie vor?

DER EINE Müssen Sie mich denn unbedingt als den ewigen Spielverderber hinstellen? Gut, ich habe viel für die Gerechtigkeit übrig, auch wenn das heutzutage exotisch klingt. Einverstanden. Aber mit der Gleichmacherei habe ich nie etwas anfangen können. Der Luxus mag denen, die ihn kannten, eine Last gewesen sein, aber er trug zumindest noch ein utopisches Moment in sich, von dem heute nichts mehr übrig ist. Das ist es, was mich stört: die Gleichmacherei. Glücklicherweise ist ihr Sieg nicht vollkommen.

DER ANDERE So? Sie wollen sich nicht damit begnügen, mir ein schlechte Gewissen zu machen?

DER EINE Nichts liegt mir ferner. Ich möchte nicht nur den Tod des Luxus konstatieren können, sondern auch seine Auferstehung. Sozusagen »Stirb und werde«.

DER ANDERE Da bin ich aber gespannt.

DER EINE Ja. Hinter unserm Rücken taucht er wieder auf, und zwar dort, wo ihn niemand vermutet. Nämlich nicht in Gestalt der fiktiven Luxusgüter, mit denen die Werbung uns verhöhnt.

DER ANDERE Sondern?

DER EINE Sondern in dem, was immer seltener geworden ist,

und das sind ein paar elementare Lebensnotwendigkeiten, die der Allgemeinheit nicht mehr zu Gebote stehen. Nur wenige können darüber verfügen, und die sind die Privilegierten der Zukunft.

DER ANDERE Wollen wir hoffen, daß Sie und ich dazugehören.

DER EINE Da wäre ich mir nicht allzu sicher. Der Luxus, den ich meine, ist mit Geld allein gar nicht zu bezahlen.

DER ANDERE Ich weiß immer noch nicht, wovon Sie reden, mein Lieber.

DER EINE Ich rede von Ruhe und Sicherheit und von Zeit und Raum.

DER ANDERE Zeit und Raum? Ich bin zwar kein Philosoph, aber ich glaube mich zu erinnern, daß wir alle in Zeit und Raum leben.

DER EINE Machen Sie sich nur lustig über mich! Mich wundert bloß, daß Ihnen das Lachen nicht vergangen ist. Während wir hier sitzen, haben Sie dreimal auf die Uhr geschaut und einmal dieses kleine Gerät gezückt, von dem ich vermute, daß es Ihr Terminplaner ist.

DER ANDERE Sie haben recht. In zehn Minuten muß ich gehen. Meine Maschine wartet. Tut mir leid, lieber Freund, aber Sie wissen ja, wie das ist.

DER EINE Eben. Bei Leuten wie Ihnen gelten wöchentliche Arbeitszeiten von siebzig bis achtzig Stunden als normal. Der Terminkalender beherrscht Ihre Tage und Nächte. Sogar mit Ihrer sogenannten Freizeit ist es nicht weit her. Auch auf dem Skihang oder auf dem Golfplatz müssen Sie jederzeit erreichbar sein. Kein Bauarbeiter würde sich so etwas gefallen lassen. Mit einem Wort, Sie haben eigentlich nie Zeit, oder anders ausgedrückt, mit Ihrer Zeitsouveränität sieht es verdammt schlecht aus.

DER ANDERE Das ist wohl wahr.

DER EINE Trösten Sie sich! Sie sind nicht der einzige. Den meisten Menschen ist es verboten, zu trödeln. Alle haben ihre Stundenpläne, ihre Maschinenlaufzeiten, ihre Lieferfristen. Eigentlich können nur die Penner tun und lassen, was sie wollen, und selbst die müssen sich merken, wann die Suppenküche aufmacht und wann das Obdachlosenheim schließt.

DER ANDERE Und was schließen Sie daraus?

DER EINE Der wahre Luxus besteht darin, daß ich über meine Lebenszeit so verfügen kann, wie es mir paßt.

DER ANDERE Schön wär's.

DER EINE Aber das ist noch lange nicht alles. Um gut zu leben, brauchen wir nicht nur Zeit, sondern auch Platz. In dieser Hinsicht sind Sie natürlich besser dran als andere. Sie können sich wenigstens eine geräumige Villa leisten, während andere mit drei Kindern in irgendwelchen Containern hausen. Doch auch Sie stehen mit Ihrem Chauffeur im Stau. Auf den Straßen wird es immer enger. Schlangen vor der Diskothek, Gedrängel in der Fußgängerzone, sogar in der Luft drehen wir Warteschleifen. Luxuriös muten, damit verglichen, skandinavische Verhältnisse an. In Norwegen zum Beispiel kommen auf einen Quadratkilometer nur 13,7 Personen.

DER ANDERE Die Einöde ist nicht jedermanns Ideal.

DER EINE Sie sollten sich an die Verhaltensforscher halten. Ihre Experimente haben gezeigt, daß dort, wo Tiere zuwenig Platz haben, Gewaltausbrüche und psychische Störungen unvermeidlich sind.

DER ANDERE Sie hätten Biologe werden sollen. Ist das alles?

DER EINE Ich bin noch nicht fertig. Ein weiteres Luxusgut ist die Ruhe. Denken Sie nur an den Verkehrslärm, den allgegenwärtigen Musikterror. Überall Preßlufthämmer, Hubschrauber, Sirenen. Hier in diesem angeblichen Luxushotel können Sie nicht einmal aufs Klo gehen, ohne daß Ihnen dort *Die kleine Nachtmusik* ins Ohr plärrt. Und wissen Sie, was ein weiteres extrem seltenes und teures Luxusgut ist? Eine halbwegs intakte Umwelt.

DER ANDERE Darüber können wir uns hier nicht beklagen. Die Luft ist gut, das Wasser auch, es qualmt und stinkt nicht auf dieser Terrasse.

DER EINE Dafür kostet das Zimmer auch 250 Euro pro Nacht. Anderswo, und zwar fast überall, sieht es anders aus. Versuchen Sie mal, in einem Supermarkt Lebensmittel zu finden, die halbwegs sauber sind. Das alles sind eben keine Selbstverständlichkeiten, sondern Güter, die für die meisten unerreichbar geworden sind.

DER ANDERE Sie übertreiben. Aber Ihre Übertreibungen haben einiges für sich.

DER EINE Danke. Noch ein letzter Punkt auf meiner Luxusliste. Ich meine die Sicherheit. Auch in dieser Hinsicht übersteigt die Nachfrage das Angebot bei weitem. Sicherheit ist etwas Seltenes. Warum würden Sie sonst einen Leibwächter beschäftigen? Er hält sich zwar diskret im Hintergrund, aber er ist mir nicht entgangen. Und zu Hause haben Sie sicherlich eine Alarmanlage, oder Sie engagieren einen privaten Wachdienst. Das kann sich natürlich nicht jeder leisten.

DER ANDERE Ziemlich lästig, das Ganze.

DER EINE Sehen Sie! Das war schon immer der Haken. In dieser Hinsicht gleicht der neue Luxus dem alten: er ist kein reines Vergnügen, er reglementiert auch den, der ihn in Anspruch nimmt. Wer sich in Sicherheit bringen will, der schließt nicht nur andere aus; er schließt sich selber ein.

DER ANDERE Und worauf läuft das alles, Ihrer Meinung nach, hinaus?

DER EINE Auf eine Kehrtwendung. Die Zukunft des Luxus liegt nicht in der Vermehrung, sondern in der Verminderung; nicht in der Anhäufung, sondern in der Vermeidung. Minimalismus und Unsichtbarkeit, das ist besser als dieses blöde Auf-den-Putz-Hauen, die schiere Verausgabung.

DER ANDERE Ein ziemlich trauriges Resümee.

DER EINE Mag sein. Aber bei alledem sind Sie immer noch besser dran als andere.

DER ANDERE Das möchte ich hoffen.

DER EINE Sie können sich zwar genügend Raum und ein gewisses Maß an Sicherheit kaufen. Aber was Sie mit Ihrer Zeit tun, darüber können Sie selber gar nicht mehr entscheiden, und Ruhe gibt es für Sie höchstens in der Klinik oder nach der Verbannung in die Rente.

DER ANDERE Und für Sie?

DER EINE Ich schlage mich durch, wie alle andern auch. Für die Mehrheit bleibt von den knappen Gütern wenig übrig. Die Verteilungsgerechtigkeit ist eine Chimäre. Der Luxus ändert sich; man kann sagen, er macht eine historische Kehrtwendung durch. Doch auch in Zukunft wird er bleiben, was er von Anfang an gewesen ist: der ewige Widersacher der Gleichheit.

DER ANDERE Ich muß gehen.

DER EINE Schade.

DER ANDERE Vielen Dank für Ihre Predigt.

DER EINE Gern geschehen.

DER ANDERE Auf ein andermal, lieber Freund.

DER EINE Wann Sie wollen. Ich habe immer Zeit.

DER ANDERE Sie haben es gut.

Während der andere sich eilig entfernt, bleibt der eine vor seinem leeren Glas sitzen. Er zieht ein kleines Notizbuch aus der Tasche und kritzelt ein paar Zeilen hinein. Er schließt das Heft, er lacht, aber einen glücklichen Eindruck macht er nicht.

Nachweise

Der Tote Mann und der Philosoph. Szenen nach dem Chinesischen des Lu Xun. 1978. Zuerst abgedruckt in: Hans Magnus Enzensberger, *Der fliegende Robert.* Gedichte, Szenen, Essays. © Suhrkamp Verlag Frankfurt am Main 1989. Medienrechte beim Verlag der Autoren.

Diderot und das dunkle Ei. Ein Interview. 1990. Zuerst abgedruckt in: Hans Magnus Enzensberger: *Diderots Schatten.* Unterhaltungen, Szenen, Essays. © Suhrkamp Verlag Frankfurt am Main 1994. Medienrechte beim Verlag der Autoren.

Fünf Unterhaltungen über »Jacques le fataliste«. Erstveröffentlichung.

Metakommunikation. Ein Dialog. Erstveröffentlichung.

Nieder mit Goethe! Eine Liebeserklärung. 1995. Zuerst abgedruckt in: Hans Magnus Enzensberger, *Nieder mit Goethe!* Eine Liebeserklärung. *Requiem für eine romantische Frau.* Ein Liebeskampf in sieben Sätzen. Frankfurt am Main: Verlag der Autoren 1995. Medienrechte beim Verlag der Autoren.

Über die Verfinsterung der Geschichte. Zwei Dialoge aus dem 19. Jahrhundert, eingerichtet für die Gegenwart. Nach Alexander Herzens Buch *Vom anderen Ufer.* Erstdruck: Berlin: Friedenauer Presse 1984. Medienrechte beim Verlag der Autoren.

Ohne uns. Ein Totengespräch. Erstdruck: Hamburg: Raamin Presse 1999. Medienrechte beim Verlag der Autoren.

Ein Dialog über den Luxus. Zuerst abgedruckt in: Wendelin Wedeking, *Das Davidsprinzip.* Hg. von Anton Hunger. Frankfurt am Main: Eichborn 2002.